도산서원

정순우

한국학중앙연구원 한국학대학원 명예교수

조선 후기 교육사와 지성사 분야에 관한 다수의 저작이 있다. 대표적으로는 『공부의 발견』(현암사, 2007), 『서당의 사회사』(태학사, 2013), 『서원의 사회사』(태학사, 2013), 『성인담론과 교육 』(태학사, 2019) 등이 있고, 이밖에 『도산서원』(공저, 한길사, 2001) 등 60여 권의 국내외 공저가 있다.

한국의 서원 100선
○○①

도산서원
陶山書院

조선 유학의 원류

정순우

문예원

머 · 리 · 말

개화기 이후 서원은 일반 대중들로부터 멀어졌다. 이른바 신학新學과 구학舊學의 이념 논쟁을 거치면서 서원은 유교 망국론자들의 주요 표적이 되었다. 조선 후기에 빈번하게 나타나던 서원의 사회적 말폐상이 집중 조명되면서 서원의 본래적 가치는 역사의 지층 아래로 숨어들었다. 필자 역시 오랜 기간 서원이 지닌 교육사적 가치, 지성사적 의미에 대해 회의하였다.

그러나 우리 서원이나 서당을 서구의 교육사나 타문화와의 비교사적 검토를 하면서 오랜 열패감에서 벗어날 수 있었다. 특히 우리 문화가 일구어 온 공부론이나 수양론은 그 폭과 깊이에서 놀랄만한 수준이었음을 생생하게 확인할 수 있었다. 특히 공부를 통해 참다운 인간의 길, 즉 '성성成聖'의 길로 진입할 수 있다는 믿음은 퇴계학의 놀라운 성취였다.

이제 비교적 적은 분량의 이 책을 상재上梓하면서 오랜 세월을 이어온 도산서원과의 인연을 새삼스럽게 돌아보게 된다. 도산서원 원장을 역임한 동전東田과 학전學田의 두 외조, 그리고 사형舍兄이신 산담山潭 선생의 질정이 그립고 못내 아쉽다.

정순우

차례

도산서원(한국국학진흥원 제공)

서원에 대한 새로운 성찰

도산서원. 450여 년이라는 오랜 역사의 풍상 속에서도 조선조의 해맑은 정신과 문화를 가꾸어 온 공간이다. 퇴계의 혼이 깃든 매화 가지에서는 역사의 향기가 묻어난다. 서원은 이 땅 위에 퇴계 학맥이라는 거대한 뿌리를 내리면서, 사림 정신을 대표하는 상징이 되었다. 도산서원은 퇴계가 몸소 점지하고 경영한 도산서당을 껴안고 출발하였다. 도산서원의 역사적 의미를 제대로 이해하기 위해서는 퇴계의 삶과 사상의 이해가 전제되어야 하고, 퇴계의 사상이 어떻게 역사의 굴곡을 헤쳐 갔는지를 알기 위해서는 도산서원의 도도한 흐름을 이해하려는 노력이 필요하다. 퇴계와 도산서원은 하나이면서 둘이고, 동시에 둘이면서 기실 하나인 쌍생아의 모습을 하고 있다. 퇴계에게 한발 다가갈수록 도산서원의 의미는 좀 더 선명해지고, 역으로 도산서원의 역사적 여정을 헤아려보는 작업은 곧 퇴계학의 수용과 확산과정을 찾아가는 것이리라.

그러나 도산서원의 역사적 의미를 온전히 복원하기 위해서는 서원이 오늘 우리에게 들려주는 메시지에 귀를 기울일 필요가 있다. 서원은 끊임없이 우리와 대화하고자 한다. 격랑의 세월을 거치면서 우리가 놓쳤던 교육적 화두와 그리고 인간적 삶에 대해, 윤리적 연대와 공동선에 대해 서원은 끊임없이 질문하고 대답한다. 우리가 서원과 편견 없는 대화를 나누기 위해서는 우선 단단하게 무장된 '편견'이라는 갑옷을 벗고, 오늘 이 자리라는 현실 속에서 격의 없는 토론을 이어가야 하리라 본다.

그럼 서원을 향해 다음과 같은 질문을 단도직입적으로 던져 보자. 서원은 오늘 우리의 교육에 관해 어떤 대안적 성찰을 제공할 수 있을까? 서원의 원형은 역사의 시간을 지나면서 많은 상흔으로 훼손되었다. 흔히 서원은 당쟁과 분란의 소굴로 매도되었다. 특히 신분과 남녀 차별의 온상으로 비판받았다. 서원의 이러한 봉건성과 말폐상은 엄격하게 비판받고 극복되어야 한다. 그러나 서원교육에서는 오늘 우리가 상실하고 내버린 중요한 교육적 유산들도 엄존하고 있음을 잊어서는 안 될 것이다. 우리는 그러한 면면들을 도산서원을 통해 살펴보고자 한다.

먼저, 가장 소박한 사실 한 가지를 환기해보자. 지금의 한국교육은 학생들 간의 심각한 경쟁 구도가 고착된 가운데, 인간적 연대와 상호 존중은 점차 자리를 잃고 있다. 교육의 가장 중요한 덕목이 훼손되고 있다. 이 세계를 상호 연결된 그 무엇으로 보는 유기체적 질서가 사라지고, 점차 삭막한 기계론적 세계관이 대세를 이룬다. 오늘날 우리 사회는 제어장치 없는 첨예한 경쟁 사회로 내달리고 있다. 학교는 그 경쟁을 조정하는 역할을 상실하고, 오히려 가속화하는 뇌관 역할을 하고 있다. 이런 상황 속에서 인간과 자연의 유기체적 통일성을 강조하는 전통적인 교육관은 주류 담론으로부터 철저히 소외되어 있다. 서원에 대한 평가도 예외가 아니다. 서원은 낡고 봉건적이며 당파적인 이해에 함몰된 교육제도쯤으로 치부된다.

정녕 서원은 폐기되어야 할 문화유산인가? 우리는 이제 이 땅의 교육학이 진정한 토착화를 이루기 위해서는 서원에 대한 새로운 조망이 반드시 필요하다는 사실을 퇴계와 도산서원을 통해 논의해 보고자 한다. 지금의 한국교육은 퇴계의 교육적 충고에 대해 좀 더 겸허한 자세로 경청할 필요성이 있다. 오늘날 한국교육의 가장 위험한 병증은 바로 '인간됨'을 추구하는 본래적 가치를 잃고 점차 수단적 가치에 매몰되고 있다는 사실일 것이다. 오늘 우리는 성장의 신화에 매몰되어 교육에서의 비인간화 현상에 눈을 감고 있다. 학교가 마치 감옥처럼 인간을 억압하고 삶의 원형을 훼손하고 있다는 비명이 곳곳에서 들려온다. 이제 한국의 교육현장에서는 새로운 '형이상학적 재건'이 있어야 한다는 요청이 고조되고 있다. 이제 그 가능성을 퇴계의 서원관을 통해 찾아보고자 한다.

퇴계가 꿈꾸는 세상

퇴계는 흔히 고반考槃의 은자로도 불린다. 도가류의 삶을 살았다는 속설이다. 40세 이후, 퇴계는 조정의 잦은 부름에도 불구하고 계속 물러남을 반복한다. 퇴계의 이러한 처신을 두고 '산새山禽'라는 비판도 일어난다. 그러나 그는 자주 스스로의 길이 따로 있음을 피력한다. 그는 만년에 전원에 물러나 있는 이유를 이렇게 읊조리고 있다.

은사로 높이 처함은 내 할 일이 아니로세	高蹈非吾事[1]
거연히 시골에서 하염없이 머무르니	居然在鄕里
착한 사람 많은 것을 소원으로 삼음이라	所願善人多
이것이 곧 우주간에 하나의 벼리기에	是乃天地紀[2]

퇴계는 향리에 물러나 있는 이유가 세상을 초월한 은사와 같은 삶에 있는 것이 아니라는 점을 명확하게 한다. 그는 그곳에서 착한 인재들을 많이 배출하는 것을 꿈꾼다. 미래를 위한 큰 청사진이다. 퇴계는 많은 선인의 출현이야말로 천지의 기틀이 된다고 보았다. 착한 사람들과 함께 가꾸는 도덕적 사회의 출현이 퇴계의 바람이었다. 그가 후생 교육에 열정을 기울인 이유이다. 후일 도산서원의 건학이념과도 맞닿아있다.

퇴계가 교육에 본격적으로 관심을 기울였던 이 시기는 장년의 그에

1 '高蹈'의 사전적 의미는 遠行, 隐居, 혹은 隐士나 맑은 마음을 지닌 올바른 선비(正士寒心)를 지칭한다.

2 李滉, 『退溪先生文集』 卷1, 詩 〈和陶集飮酒〉.

게도 내우외환의 매우 어려운 시절이었다. 당시 정국은 을사사화가 막 끝나 정국이 극도로 불안정한 시기였다. 윤임과 윤언로 등의 대윤이 몰락하고 많은 청류들이 사지로 내몰렸다. 퇴계 자신도 이기李芑의 무함으로 홍문관 직에서 삭탈관직 되었다가 이원록李元祿 등의 구명으로 가까스로 피화를 면한 상태였다. 또한, 그가 평소에 크게 의지해 오던 장인 권질權礩이 별세하고(1545), 7월에는 권씨 부인마저 서울 집에서 임종하였다. 그가 1546년 양진암養眞庵을 건립하고 낙향을 굳게 결심한 시기였다.

퇴계로서는 혼란한 정국을 벗어나서 전원에 몸을 담고자 하는 욕망이 강렬하지 않을 수 없었다. 그러나 그는 양진암에서의 생활이 정치적으로 해석되는 것을 기피하였다. 그는 〈동암언지東岩言志〉라는 시에서 양진암에서의 삶에 대하여 만족한 뜻을 표하면서도, "정녕 시승詩僧의 길로만 향하지 않을 것"이라고 술회한다. 퇴계는 50세가 되던 경술년, 풍기군수를 중도에 그만두고 귀향하여 계상에 한서암을 지어 정습당靜習堂이라는 당호를 붙이고 그가 꿈꾸던 후진 교육에 뜻을 둔다.[3] 1554년에는 『온계동약溫溪洞契』의 작성을 주도하면서 그가 몸담고 있는 향리를 주자학적 이념에 맞게 설계하고자 노력한다.[4]

그의 이러한 삶의 자세를 두고 너무 소극적이고 수동적이라는 비판이 당대에도 있었다. 그러나 퇴계는 역사라는 회오리치는 강물은 성큼

3 李滉, 『退溪先生文集』, 「退溪先生年譜」 卷1, 二十九年庚戌 先生五十歲.
4 졸고, 「퇴계의 시대성찰과 선비의식」, 『국학연구』, 한국국학진흥원, 2014.

몸을 담글 만한 안전한 곳이 아니라는 생각을 하고 있었다. 그는 직접적인 정치참여나 경세적인 개혁보다는 인간 내면에 대한 깊숙한 이해, 즉 인간에 대한 내성적인 성찰에서 인간의 구원을 찾고자 하였다. 그는 선비들이 섣부르게 정치에 참여하는 것은 세상의 풍파를 불러오는 원인이 된다고 보았다.

> 대개 선비가 세상을 살면서 벼슬을 하기도 하고 물러나기도 하며, 혹은 때를 만나기도 하고 만나지 못하기도 하지만 그 귀결은 몸을 깨끗이 하고 의를 행하는 것뿐이요, 화禍와 복福은 논할 것이 못 됩니다. 그러나 나는 일찍이 우리나라의 선비 중에 어느 정도 도의道義를 사모하는 뜻을 지닌 사람들 대부분이 세환世患에 걸린 것을 괴이하게 여겼습니다. 이것이 까닭이기는 하지만, 그들이 스스로 처신한 것이 미진한 바가 있어서 그런 것입니다. 그들이 미진했다는 것은 다름이 아니라 학문이 지극하지도 못하면서 스스로 처신하기를 너무 높게 하고, 시의時宜도 헤아리지 못하고서 세상을 경륜하는 데 용감했다는 것입니다. 이것이 바로 실패한 원인이니, 큰 이름을 걸머지고 큰일을 담당하는 사람의 절실한 경계입니다.[5]

즉, "학문이 지극하지도 못하면서 스스로 처신하기를 너무 높게 하고, 시의時宜도 헤아리지 못하고서 세상을 경륜하는 데 용감한" 미성숙

5 李滉, 『退溪先生文集』 卷16, 書, 〈答奇明彥〉.

이 환란의 주범이라는 것이다. 우선 학문을 통해 진지하게 성찰을 하고, 의리학에 대한 정밀한 이해가 필요하다는 주장이다. 인간의 욕망이 맞부딪히는 정치의 영역에서 인간은 더욱 불안한 존재가 된다. 덕을 충실히 쌓지 않고 현실에 섣불리 개입하면 엄청난 사회적 혼란을 초래하게 된다는 것이다.[6] 퇴계의 신중하고 융숭깊은 처신의 한 자락을 읽을 수 있다. 나라를 다스리고자 하는 조급한 마음 이전에 성숙한 인격을 가다듬는 수신修身이 선행되어야 한다는 것이다.

그의 이러한 세계인식은 주자학적 세계관에서 비롯된 것이다. 그의 내성적인 접근 방법은 조광조의 지치주의至治主義적 개혁이 실패로 귀결되면서 일종의 확신으로 자리 잡았던 것 같다. 이 복잡다단한 인간 세상에 곧바로 하늘의 뜻을 펼치고 이상세계를 건설하려는 지치주의의 이념적 과잉이 정치적 파탄을 초래하였다고 보았다.

마음에 대한 함양 공부와 성찰 공부를 강조하는 퇴계의 학문 방법은 실천성이 부족하다는 비판이 당대의 학자들로부터도 나타나고 있었다. 말하자면 관념적으로 인간 내면의 심층을 파고드는 공부로 인해 구체적 현실에 대한 대응이 약하다는 것이다. 이는 주자학 일반이 가지고 있는 사상적 결과 흐름을 함께 한다. 역사를 읽는 주자의 방식은 철저히 역사와 시간 속에 담긴 형이상학적 가치와 도덕을 본으로, 그것을 담고 있는 구체적 역사적 사건과 형식은 말로 취급하였다. 역사 속에서 도덕적 가

6 졸고, 「퇴계의 시대성찰과 선비의식」, 『국학연구』, 한국국학진흥원, 2014.

치와 의미를 채굴하고자 하는 것이다. 주자학파들은 기본적으로 사학史學은 바깥外과 말단末에 속하며 인생사의 거친 것粗과 작용用을 다루는 학문으로 취급하였다.[7] 그들은 노골적으로 경학經學을 중심에 두고, 사학史學은 뒤에 두는 '선경후사先經後史'의 뜻을 강조하였다.[8] 퇴계의 공부론도 여기에 기반을 두고 있다. 그의 공부론이 성글지 않고, 내면부터 치밀하게 구조화할 수 있었던 것도 이러한 주자학의 성과를 기반으로 비로소 가능한 것이었다.

7 錢穆, 〈朱子學提綱〉, 『朱子新學案』 권1, 196쪽.

8 錢穆, 〈朱子之史學〉. 『朱子新學案』, 제5冊, 三民書局, 115쪽. "朱子平日主張 先經後史之意."

퇴계의 우환의식憂患意識과 선비정신

퇴계의 내성적인 학문적 자세는 그 후학들에게 과연 어떤 선비상을 제시하였을까? 그에게 학문이란 곧 도학이고 성학聖學이었다. 선비들의 학문이 공리적이거나 수단적인 가치로 전락하는 것을 극도로 경계하였다. 그는 내성적 성찰을 통한 덕성의 회복이 이루어지고, 그 바탕 위에서 비로소 공동체에 대한 경세학經世學적 접근을 펼칠 수 있다고 보았다. 공동체에 대한 섣부른 공학적 디자인이 오히려 사태를 악화시키고, 각 개인의 무한정한 욕망만 부추길 수 있다는 점을 우려한 것이다.

> 성인 문하의 학문은 마음에 구하지 않으면 어두워 얻는 것이 없다. 그러므로 생각해서 은미한데 통하여야 한다. 그러나 일을 익히지 않으면 위태로워 불안하다. 그러므로 배워서 실천해야 한다. 생각과 학學은 서로를 발하게 하고 서로 도움을 준다.[9]

그는 마음공부란 반드시 구체적인 행위와 실천으로 개화되어야 한다고 믿는다. 선비는 항상 '천하를 잊지 못하는 마음'을 지녀야 한다. 선비는 세상 밖으로 물러난 은자가 아니라, 항상 세상에 대한 책임의식을 지니고 있어야 함을 강조한다. 그는 말하기를, "공자가 경쇠를 친 것擊磬은 천하를 잊지 못하는 마음有不忘天下之心에서 친 것이다. 만약 경쇠 소리에 탓하고 원망하는 뜻怨尤之心이 들어 있었다고 한다면, 어떻게 공자

9 〈聖學十圖 序文〉, "聖門之學 不求諸心 則昏而無得 故必思而通其微 不習其事 則危而不安 故必學而踐其實 思與學交相發而互相益也"

를 공자라고 할 수 있으랴."[10]라고 하여 선비는 세상을 걱정하는 우환憂患 의식을 지닌 자라고 보았다. 퇴계가 강조하는 '위기지학爲己之學' 즉, 각자가 스스로의 삶의 정당성을 되돌아보는 행위 그 자체는 이미 인간이 사회관계에서 실현하는 어떤 공공의 가치 질서를 실현하는 행위와 연동되어 있다는 것이다.

이렇게 볼 때, '서원'이라는 기재는 퇴계의 내성적 철학이 사회 조직적 담론으로 성장할 수 있는 최적의 시스템이다. 퇴계가 향교를 대신해서 서원을 주목하였다는 것은 교육에서 제도와 시스템이 지니는 중요성을 자각하고 있었음을 뜻한다. 퇴계가 애초에 서원을 주목한 것은 서원 교육을 통해 이 세계를 움직이는 가장 근원적인 질서, 이른바 리理를 체인하고자 한 것에 주된 이유가 있다. 서원은 그의 경 공부를 심화시킬 수 있는 최적의 공간이다. 초기의 도산서원은 심학적 공부론을 심화하는 최상의 공간이었다. 퇴계의 사후에도 서원은 그 운영과정에서 다양하고 경건한 의절儀節을 두어 서원이 성스럽고 존엄한 공간이라는 사실을 확인하였다. 서원은 단순한 물리적 공간이 아니라, 속俗의 세계로부터 성인의 세계로 진입하는 통로로 인식되었다. 퇴계는 백운동서원이 창설된 후, 관과 사림 사이에 마찰이 일어나자 다음과 같은 글을 풍기군수에게 보낸다.

10 『退溪言行錄』 卷1, 類編.

옛 선비들은 실로 남의 세력과 지위에 굽히지 않았습니다. 그러나 이는 "그가 그의 부富를 내세운다면 나는 나의 인仁을 내세우며, 그가 그의 벼슬을 내세운다면 나는 나의 의義를 내세운다." 하며, 또 "그에게 있는 것은 모두 내가 하지 않는 것이며, 나에게 있는 것은 모두 옛날 도道이다."라고 하는 데 지나지 않았습니다. …(중략)… 그 때문에 필부로서 천자를 벗하여도 외람되지 않고, 왕공王公으로서 선비에게 낮추더라도 치욕이 되지 않는 것입니다. 이것이 선비가 귀히 여겨지고 공경받을 수 있는 까닭이며, 절의節義라는 말이 성립될 수 있는 까닭입니다. …(중략)… 선비는 예의의 종주이며 서원은 어진 이를 존중하는 곳입니다. 아, 서원은 무엇 때문에 설치한 것입니까. 어진 이를 높이기 위하여 설치한 것이 아니며, 도를 강명講明하기 위하여 설치한 것이 아닙니까?[11]

당시 57세의 퇴계는 서원이 권력 앞에 무력한 모습을 보이지 말 것을 기대하였다. 그는 선비란 힘과 권력 앞에 굽히지 않는 자며, 부 앞에 인을 내세우고 벼슬 앞에 의를 내세우는 존재라는 사실과 함께 한갓 필부라도 천자와 벗하여도 외람되지 않다는 점을 강조하였다. 그는 서원의 존재 이유는 이러한 생각을 지닌 선비들을 길러내는 곳이 되어야 한다고 보았다.

11 李滉, 『退溪先生文集』 卷12, 〈擬與豐基郡守論書院事〉, "古之士固不屈於人之勢位 然而不過曰彼以其富 我以吾仁 彼以其爵 我以吾義 曰在彼者 皆我所不爲 在我者 皆古之道也云爾 (中略) 故以匹夫而友天子 不爲僭 以王公而下韋布 不爲辱 此士所以可貴可敬 而節義之名所以立也 士子 禮義之宗也 書院 尊賢之地也 (中略) 嗚呼 書院何爲而設也 其不爲尊賢而設耶 講道而設耶"

퇴계의 귀향

퇴계는 50세가 되던 경술년, 풍기군수를 중도에 그만두고 귀향하여 계상에 한서암寒栖庵을 지어 정습당靜習堂이라는 당호를 붙이고 정착한다.[12] 퇴계는 한서암을 철저히 마음을 존양하고 성찰하는 정사精舍의 공간으로 활용하였다. 본격적으로 스스로를 성찰하고 착한 본성을 회복하는 마음 공부에 집중하기 시작한 것이다. 그는 은일한 선비의 삶을 기뻐하면서, "한평생 쌓인 번뇌를 이제 벗어버린다."[13]고 술회하고 있다. 이렇게 한서암에서의 생활은 그의 심학과 도학을 심화시키는 장소로 활용하였다.

그러나 한서암으로 차츰 많은 제자들과 문인들이 찾아오고 함께 강마講磨할 공간이 필요하게 되자, 1551년 새로 서당을 축성하게 된다. 퇴계의 〈청명계상서당淸明溪上書堂〉이라는 시의 주에는 "한서암을 철거하고 작은 서당을 시내 북편에 옮겨지었다."[14]라는 기록이 보인다. 후대의 학자인 창설재 권두경權斗經(1654-1725)의 견해로는 이 계상서당은 강학을 하는 공간이라기보다는, 근심 없이 몸과 마음이 한가로이 노니는 이른바 '연한지거燕閒之居'의 장소였으리라 추정한다.

이 계상서당의 성격은 찾아오는 문인들은 맞아들였으나, 다수에게 개방되어 본격적으로 강학한 공간은 아닌 것으로 판단된다. 이는 개인이 마음을 닦고 공부를 하는 장소인 정사精舍에서 차츰 발전하여 다수의

12 李滉, 『退溪先生文集』, 「退溪先生年譜」 卷1, 二十九年庚戌 先生五十歲.

13 李滉, 『退溪先生文集』 卷1, 〈雨中寓感〉

14 李滉, 『退溪先生文集』 卷2, 詩, 〈淸明溪上書堂〉. 小註에는 "撤寒棲 移構小堂於溪北".

문도에게 강학의 장소로 개방되는 서당의 초기 발전 형태를 보여 주는 것이다. 이 시기 퇴계는 이미 가장 명망있는 학자로 자리 잡았기에, 다수의 문도가 이곳을 찾아 들었다. 이이李珥, 김성일金誠一 형제, 권문해權文海, 김취려金就礪, 류운룡柳雲龍, 이요신李堯臣 등 당대의 쟁쟁한 인물들이 계상서당을 찾아 들었다.

지금 남아 있는 자료를 통해서 보면, 계당 시절에 퇴계가 가장 심혈을 기울였던 작업은 도통론을 확립하는 것이었다. 그는 〈유탄有嘆〉이라는 시를 통해 주자의 도학을 승계하였다는 뜻을 비치기도 하고, 양명학과 불교에 대한 매서운 비판의 글을 남기기도 하였다. 또한 포은 정몽주, 목은 이색, 양촌 권근, 점필재 김종직 등의 선현에 대해서도 도학에 근거한 새로운 평가를 하고자 하였다. 그의 이러한 태도로 볼 때, 계상서당은 향촌서당이나 문중서당이 아닌 매우 높은 수준의 학문을 강론하는 다분히 폐쇄적인 형태의 강학 공간이었음을 알 수 있다. 일종의 '도학道學'적 성격의 서당이라고 할 수 있다. 그러나 이러한 계상서당의 운영도 퇴계가 1551년 5월 홍문관 교리로, 8월에는 성균관 대사성으로 임명되면서 중단되고 말았다.

조선문화의 꽃、 도산서당

도산서당은 철학자 퇴계의 사상이 영근 공간이다. 또한, 도산서당의 조성은 후진 교육이라는 뚜렷한 목적을 가지고 이루어졌다. 이 작은 규모의 서당이 한국 지성사에서 차지하는 위상은 크고 높다. 이 공간에서 한국사상사에서 가장 정채精彩를 발하는 퇴계학이 완성되었고, 조선 중, 후기를 관류하는 새로운 학문적 패러다임이 제시되었다. 도산서당은 퇴계 사후 1575년 도산서원으로 재탄생하면서 '도학서당道學書堂'이 서원으로 변모하는 한 전형을 제시하였다.

처음 서당의 건립 논의는 문인들의 요청에 따라 시작되었다. 1556(丙辰)년 봄부터 문인들이 서재를 건립할 것을 요청하였다.[15] 처음에는 퇴계가 수차 완강하게 거절하였으나 오천의 금응훈琴應壎 등이 서당 터를 잡아놓고 간청하였다.[16] 1557(丁巳)년 3월, 퇴계는 마침내 그 경계의 그윽하고 아름다움에 그만 마음이 끌려 서당을 건립하기로 하였다.[17] 서당의 설계도는 퇴계가 한양에서 직접 그려 보내었다. 서당의 건축공사는 용수사의 승려인 법련法蓮과 정일靜一이 주관하였다. 퇴계는 서당을 건립하는 소회를 이렇게 노래하였다.

15 李滉, 『退溪先生文集』 卷8, 〈寄寯〉, "此處立齋事 以此尤未安 欲固止之 時未知諸人之意何耳".

16 李滉, 『退溪先生文集』 卷8, 〈答寯〉, "書齋已懇諸人而罷之 烏川琴應壎輩 固欲小構終不能止 已排數間於南溪之南 但矛衰惓如此 不能督成後生之業 如是終有何益耶".

17 內集 卷2, "尋改卜書堂地 得於陶山之南有感而作二首".

도산서당 현판(한국국학진흥원 제공)

계당엔 비바람 쳐 침상도 못가리니　風雨溪堂不庇牀
좋은 곳을 찾노라 온 산을 누볐다오　卜遷求勝徧林岡
어떻게 알았으랴 백년을 장수할 터　那知百歲藏修地
나무하고 낚시하던 그 곁에 있을 줄을　只在平生採釣傍
나를 보고 웃는 꽃은 그 정이 얕지 않고　花笑向人情不淺
벗을 찾아 우는 새는 의미가 심장하네　鳥鳴求友意偏長
서당을 옮겨서 여기 살길 다짐하니　誓移三徑來棲息
어느 누가 나와 함께 즐거움 나눌건가　樂處何人共襲芳

퇴계는 주희의 〈백록동규白鹿洞規〉를 바탕으로 하여 장차 도산 학규를 만들고자 하였다. 그는 출사出仕 중에도 계속 서당의 건립에 상당한 공력을 들였고, 서당은 1560년 11월에 비로소 완성되었다.[18] 건물구성도 교육공간으로서의 목적을 명확하게 보여 주고 있다. 도산서당은 퇴계가 거처하면서 그의 사유를 숙성시키는 곳이자 제자들과 직접 학문을 강론하는 공간이었다.

서당의 건축은 소박하나 기품있는 모습을 보여 준다. 서당이 처음부터 마음 공부에 대한 구체적인 목표와 의도를 가지고 건립되었기 때문이다. 서당은 마루인 암서헌巖棲軒과 방인 완락재玩樂齋로 구성되어 있다. 완락玩樂이란 주희의 「명당실기名堂室記」에서 따온 것으로, "즐기며

18 《言行通錄》卷3, 蒙齋錄, 庚申 11月 "陶山書堂成 自是遇興輒往或至數月而返".

암서헌(한국국학진흥원 제공)

완상하니 이 생이 다하도록 싫증 내지 않으리樂而玩之 足以終吾身而不厭" 라는 함축을 담고 있다. 평생을 염원하던 참 공부 속에서 진정한 즐거움을 누리고 잠겨 유영하겠다는 각오를 드러낸 것이다. 그는 이 작은 공간에서의 즐거움을 이렇게 설파한다.

> 천운대天雲臺 도라드러 완락재 소쇄瀟灑한듸
> 만권생애萬卷生涯로 낙사樂事이 무궁無窮하애라.
> 이 듕에 왕래풍류往來風流를 닐어 므슴 할고
>
> \- 도산십이곡 -

암서헌은 역시 주희의 '회암晦菴' 시의 "오래도록 스스로 자신할 수 없으니 암혈巖穴에 기대어 적은 효험을 바라노라"에서 취하였다. 학문의 바다에서 유영하며 즐기고, 때로는 침잠하여 완색玩索하는 퇴계의 정신

농운정사(한국국학진흥원 제공)

이 잘 드러난다.

농운정사隴雲精舍는 학생들의 공부방이고 기숙사로 지어졌다. 농운隴雲이란 '언덕 위의 구름'이란 뜻으로 '은자의 머무는 곳'이라는 의미를 담고 있다. 건축 형태가 '공부 공工'자 모습으로 갖추어 학생들에게 면학의 정신을 북돋도록 설계되어 있다. 모두 8칸으로 이루어진 농운정사는 동쪽에 시습재時習齋, 서쪽에 관란헌觀瀾軒 마루가 있고, 기숙할 수 있는 지숙요止宿寮 등을 갖추었다.

선비들은 공부가 단지 독서하고 학습하는 것에만 한정되지 않는다고 보았다. 그들은 놀고 휴식하는 시간도 공부의 한 과정이라고 생각하였다. 『예기』의 〈학기〉 편에서 말하듯, 군자의 학문은 장藏, 수修, 식息, 유游[19]의 흐름 속에서 모든 장소와 시간을 아우르며 간단없이 이루어지는 것으로 보았다. 정현鄭玄에 따르면 이때 장藏은 흡수하여 마음 속에 품어 안는 단계, 수修는 익히는習 단계,

19 《礼记 · 学记》: "故君子之于学也, 藏焉修焉, 息焉游焉".

유식遊息은 행위를 멈추고 몸과 마음을 편히 쉬면서 함양하는 기간을 의미한다.

이렇게 유식遊息도 공부의 중요한 한 방편이었기에 퇴계도 서당의 주변 환경을 유식하기 좋은 공간으로 구성해 놓았다. 서당 동쪽 구석에 조그만 못을 파고 거기에 연蓮을 심어 정우당淨友塘이라 하였다. 주렴계의 애련설에서는 국화는 꽃 중의 은자隱者이고, 모란은 부귀의 꽃이며, 연꽃은 꽃 중의 군자라는 뜻을 피력하였는데, 퇴계도 이에 동의한 것이다.

물건마다 한 하늘의 묘한 이치 품었거늘	物物皆含妙一天
염계는 무슨 일로 그대만을 사랑했나	濂溪何事獨君憐
향그런 덕 생각하니 벗하기 어려운데	細思馨德眞難友
정淨 하나로 일컫는 것 편벽될까 두려워라	一淨稱呼恐亦偏

또 그 동쪽에 몽천蒙泉이란 샘을 만들고, 샘 위의 산기슭을 파서 암서헌과 마주 보도록 평평하게 단을 쌓고는, 그 위에 매화 · 대竹 · 소나무 · 국화를 심어 절우사節友社라 불렀다. 이들과 함께 풍상계風霜契를 맺었다. 이름 그대로, 절개 있는 벗들의 모임인 것이다. 생도들이 절의와 기개를 지닌 인물이 되기를 바라는 희원希願이 담겨 있다.

도연명의 동산은 솔, 국화, 대 셋이니,	松菊陶園與竹三
매화는 어찌하여 그 속에 끼지 못했나?	梅兄胡奈不同參
나는 이제 그대들과 풍상계를 맺었노라.	我今併作風霜契

굳은 절개 맑은 향기 너무나도 잘 알기에.　　　　苦節淸芬儘飽諳

당 앞 출입하는 곳을 막아서 사립문을 만들고 이름을 유정문幽貞門이라 하였는데, 문밖의 오솔길은 시내를 따라 내려가 동구에 이르면 양쪽 산기슭이 마주하는 형상이었다. 그 동쪽 기슭 옆에 바위를 부수고 터를 닦으니 조그만 정자를 지을 만한데, 힘이 모자라서 만들지 못하고 다만 그 자리만 남겨 두었다. 마치 산문山門과 같아 이름을 곡구암谷口巖이라 하였다.

이렇게 만들어진 도산서당은 퇴계의 학문과 인품을 사모하는 조선의 선비들이 찾아 가보고 싶은 마음의 성소聖所였다. 퇴계의 덕성을 그리워하고, 그의 삶의 자취를 찾아보고자 하는 선비들이 서원으로 향하는 길을 나섰다. 서원의 「심원록尋院錄」에는 멀고 힘든 길을 애써 찾아온 인물들의 명단이 있다. 그중의 한 사람으로 성호 이익李瀷[20]이 있다. 그의 「알도산서원기謁陶山書院記」는 18세기 초엽의 도산서원의 정경을 밀도 있게 그려놓았다. 그는 청량산에서 발길을 돌려 퇴계의 본가가 있는 온계溫溪의 노송정을 지나 이농암李聾巖[21]이 살던 분천의 애일당에 잠시

20 李瀷(1681~1763) : 자는 自新, 호는 星湖, 본관은 驪州이다. 천문 · 지리 · 의학 · 律算 · 經史에 업적을 남겼다. 퇴계학을 근기남인에게 전해 주는 역할을 담당하였다.

21 李聾巖 : 李賢輔(1467~1555)이다. 본관은 永川, 자는 棐仲, 호는 농암, 시호는 孝節이다. 洪貴達의 문인으로 1498년 문과에 급제하여 승지, 부제학, 형조 참판 등을 역임하였다. 문집으로 『농암집』이 전한다.

도산서원 전경(한국국학진흥원 제공)

머무른 후, 말 머리를 돌려 비로소 도산에 이르렀다. 그는 이미 퇴계가 직접 쓴 〈도산잡영〉을 통해 지세地勢의 형국을 파악하고 있었다.

> 도산은 선생이 늘 기거하던 별장別業으로, 계상溪上에서 5리쯤 떨어져 있다. 계상은 선생의 본댁이 있는 곳으로, 퇴계退溪라고 이르는 곳이다. 동쪽 상류로 곧장 가는 길에 산기슭 하나가 가로막아서 도산과 통하지 않으니 선생이 늘 산 위를 거쳐서 지팡이를 짚고 왕래하였다고 한다. 대개 산과 물이 구불구불 감싸 안고 돌아 시냇물에 임하여 하나의 골짝이 펼쳐지는데, 산은 영지산靈芝山의 줄기이고 물은 황지黃池에서 발원한 것이다. 또 청량산으로부터 뻗어 온 산이 물 흐름을 따라서 서쪽으로 달리다가 영지산의 한 줄기와 하류에서 합쳐서 좌우에서 절하고 있는 듯하니, 이른바 동서의 두 취병翠屛이라고 하는 것이 이것이다. 동洞은 작지만 가운데가 툭 트여서 마을이 들어설 만하니, "터가 넓고 지세가 뛰어나며 앉은 자리가 치우침이 없다."라고 한 본기本記[22]에서 증험할 수 있다. 선생이 손수 창건한 도산서당陶山書堂이 여전히 여기에 있는데 후인들이 이어서 서당의 뒤에 서원을 건립하여 존봉尊奉하였다.

성호는 참알參謁을 위해 우선 진도문進道門을 통해 서원으로 진입한다. 그는 서원의 건물들을 찬찬히 둘러본다. 좌우로 자리하여 제생이 머

22 本記 : 퇴계 이황이 지은 기문「陶山雜詠」并記를 말한다.『퇴계집』권3에 실려 있다.

전교당 현판(편액)(한국국학진흥원 제공)

무는 박약재博約齋와 홍의재弘毅齋를 둘러 보고, 강당인 전교당典教堂에 이른다. 당의 서쪽 실室인 한존재閑存齋를 본 후, 성호는 원노를 불러 사우의 바깥 정문을 열도록 하고 상덕사尙德祠 뜰 아래에서 엄숙히 참배하였다.

성호가 가장 보고 싶은 공간은 퇴계가 몸소 기거하면서 강학하였던 도산서당이었다. 장차 퇴계 학맥의 도맥을 잇고자 하는 40대 초반의 성호는 당시 도산서당을 찾은 감회를 이렇게 서술하고 있다.

> 이곳은 정말 선생이 친히 지은 곳이어서 나무 한 그루, 돌 한 덩이도 사람들이 감히 옮기거나 바꾸지 못하였다. 그 때문에 낮은 담장과 그윽한 사립문, 작은 도랑과 네모난 연못이 소박한 유제遺制 그대로여서 마치 선생을 뵌 듯 우러러 사모하지 않는 이가 없다. 처음에는 숙연하여 마치 담소하는 소리를 들을 것 같다가 나중에는 그리워서 잡고 어루만지며 공경을 느끼게 된다. 백 년이 지난 후에도 사람들이 유적과 덕행에 대해 아직도 보고 감동하여 흥기하는데, 하물며 당시 직접 가르침을 받은 자야 더 말할 것이 있겠는가.

도산서당(한국국학진흥원 제공)

그는 퇴계가 생전에 강학하였던 도산서당을 둘러 보면서 깊은 감회에 젖는다. 낮은 담장과 그윽한 사립문, 작은 도랑과 네모난 연못 등의 소박한 유제遺制에서 마치 선생을 뵌 듯 숙연함을 느낀다. 마치 선생의 담소하는 소리를 들을 것 같다가 나중에는 그리워서 잡고 어루만지며 공경을 느끼게 된다. 선비들은 서원의 숨결 속에서 퇴계의 현존을 느끼고 위로를 받았던 것이다. 서당을 방문한 많은 선비들은 도산서당의 조촐한 모습에서 강한 감동을 느낀다. 경주 선비 최림崔林[23]도 그런 인물 중의 하나다.

> 진실로 잘 관찰하는 사람이 있다면 백대 이후라도 여전히 이곳에 가면 선생의 모습을 상상할 수 있으니, 청렴하면서도 과격하지 않고 온화하면서도 휩쓸리지 않으시

23 崔琳(1779~1841) : 호는 畏窩, 본관은 慶州. 宋穉圭의 문인. 이 글은 『외와집』 권4 「記」에 실려 있다.

며 바라보면 엄격하나 다가가면 온화하며 바람을 읊고 얼음을 밟는 덕 있는 모습을 다른 데서 찾을 수 있겠는가? 문으로 들어가 '도산서당陶山書堂' 4글자를 우러러보니 기둥 사이에 세로로 걸려 있었다. 한적한 한 칸 방은 선생께서 지으신 초가라고 하는데, 마루 한 칸은 '암서巖栖'라 하고 방 한 칸은 '완락翫樂'이라 이름 붙였다. 몸을 숙이고 숨을 죽이며 마루에 올라 문을 열자 선생의 손때를 모두 완상할 수 있었으나 선생[巾几]께 질정하고 싶은 것은 아마 기형璣衡[24]의 남은 제도가 아니겠는가?

최림은 "백대 이후라도 여전히 이곳에 가면 선생의 모습을 상상할 수 있으리라" 단언한다. 최림은 경전의 뜻을 빌어 퇴계를 군자의 전범으로 삼는다. 그는 중용에 있는 "군자의 도는 담담하면서도 싫지 않고, 간이簡易하면서도 문채文彩가 있으며 따뜻하면서도 조리가 있다."[25]라는 구절의 표상으로 퇴계를 비춘다. 또한 『중용장구中庸章句』에서 공자가 말하기를 "군자는 온화하면서 휩쓸리지 않으니, 강하도다 꿋꿋함이여! 중에 서서 치우치지 않으니, 강하도다 꿋꿋함이여!"에서 드러나는 군자상을 퇴계를 통해 녹여낸다. 이와 같은 술회는 선현에 대한 최대의 헌사다. 그럼 퇴계는 도산서당의 경영을 통해 얻고자 하는 교육의 목표가 과연 무엇이었을까?

24 璣衡 : 璇璣玉衡의 약칭으로 渾天儀라고도 한다.

25 『中庸章句』第33章[君子之道 淡而不厭 簡而文 溫而理]

도산서당 시기의 강학활동

퇴계는 50대 이후 조정에 출사할 마음을 접고 후학들에 대한 교육에 본격적인 관심을 기울이게 된다. 그는 서당을 새로운 교육적 모델로 만들려는 확고한 의지를 지니고 있었다. 퇴계는 서당을 통하여 성리학에 대해 체계적으로 이해하고 그것을 조선 사회에 알맞게 적용하고자 노력하였다. 그는 무엇보다도, 스스로 깨우치는 자득自得 공부의 중요성을 누누이 강조하였다. 이는 퇴계의 학문은 주자의 학설을 추종하는 '의양衣樣'의 맛이 강하다'라고 하는 세속의 주장과는 달리하는 태도다. 그가 이덕홍에게 다른 사람에게 기대지 말고 자득의 공부를 하라고 독려하면서, 『대학』에 관해 집중적으로 가르침을 준 것도 이 시기의 일이다. 당시 도산서당에 함께 기거했던 김성일에 따르면, 퇴계는 닭이 울면 일어나서 『심경부주』를 한 번씩 읽으면서 익힌 바를 체화體化하는 마음공부에 전념하였다고 한다. 간재 이덕홍이 퇴계와 함께 월란암月瀾菴에서 기거하면서 남긴 기록에는 당시 퇴계의 삶과 강학하는 내용이 드러난다.

○ 새벽에 동틀 무렵에 일어나 세수하고 의관을 갖추고 꼿꼿이 앉아서 글을 읽었다. 둘째 손자 순도純道에게 사서史書를 가르치다가, 측천무후와 양귀비의 일에 이르자 거듭 탄식하였다. 이덕홍이 『심경心經』의 〈수신재정기심修身在正其心〉 등의 장에 대하여 질문하였다. 주자서를 가지고 응사대凝思臺에 올라 한 식경 앉아 있다가 낭영대朗詠臺에 올랐다. 어린 소나무를 사랑하여 그 가지를 솎아 주면서 또한 그 경치가 빼어남을 감탄하였다.

○ 새벽에 일어나 등불을 밝히고 주자서를 읽었다. 둘째 손자 순도가 강학하

는 것이 능통하지 못하였으나 친절하고 자세하게 일깨워 주셨다. 이덕홍에게 심경을 강의하였다. 주자서를 한 권 가지고 가서 소나무 밑에서 강독하였다. 식후에 고반대考槃臺에 나가서 낭영대를 바라보다가, 돌아와 방에 들어가 저녁이 되도록 위좌危座하였다. 해시亥時(오후 9-11시)가 되기 전에 잠자리에 들었다가 자시子時(오후 11-오전 1시)에 일어나서 이덕홍에게 '경敬'자의 의미를 설명하였다. 28일 새벽 축시丑時(오전 1-3시)가 끝나기 전에 잠자리에 들었다가 인시寅時(오전 3-5시)가 되어서 일어났다.

○ 아침에 이덕홍이 심경의 〈천명天命〉, 〈잠수복의潛雖伏矣〉, 〈성기의誠其意〉 등의 장에 대해서 질문하였다. 낮에 고반대에서 오랜 시간 앉아서 원근의 경치를 감상하며 시력이 전만 못함을 탄식하였다. 잠시 후 어풍대馭風臺와 능운대凌雲臺가 생각나서, 동자 세 사람과 관자冠者 두 사람을 데리고 어풍대에 올라서 주변의 빼어난 경치에 감탄하다가, 한 식경이 지나서 돌아 왔다. 이 날은 초저녁에 잠자리에 들었다가 자시子時가 못 되어 일어나서, 의관을 정제하고 말없이 앉아 있는데, 이덕홍이 참동계參同契에서 말하는 화법火法에 대한 질문을 하자, 이에 답변하였다.[26]

이렇게 새벽부터 잠자리에 들기까지 몸과 마음을 잠시도 흩트리지 않고 구도적인 자세를 유지하면서 후학들에게 공부를 가르치는 것이 퇴계의 일상이었다. 초저녁에 잠자리에 들었다가 자시子時가 못 되어 일어

26 李德弘, 『艮齋集』 卷6, 〈溪山記善錄 下〉.

나서, 의관을 정제하고 말없이 앉아 심신을 추스르는 위좌危坐의 수행 공부를 하는 것이 만년 퇴계의 생활이었다. 후일의 많은 유자들도 퇴계의 이러한 생활 자세를 본받았다.

퇴계는 독서법 중에서 정독과 숙독을 가장 강조하였다. 공부가 몸과 마음에 스며드는 과정이다. 그는 생도들이 책을 읽고 완전히 체화體化하여 내적 성장의 디딤돌이 되기를 원하였다. 정사성鄭士誠에게 『역학계몽』을 다 읽었느냐고 물은 다음, 독서는 범범汎汎하게 지나쳐서는 절대 안 된다고 훈계하였다. 그리고 차례를 뛰어넘는 엽등獵等의 공부를 경계하였다. 제자들에게 강학할 때에도 그 책의 종류는 매우 제한되어 있고, 언제나 숙독을 요구하였다. 그런 점에서 퇴계의 독서법은 주자의 독서법과 매우 유사하다. 당시 책의 유통이 극히 제한되어 있었던 시대적 상황과도 무관하지 않았을 것이나, 기본적으로는 마음의 수양을 강조하는 심학적 공부론에 근거한 그의 철학이 자연히 독서론에도 영향을 주었다. 퇴계는 학봉 김성일에게 독서 방법에 관한 다음과 가르침을 준다.

> 글을 읽는 요결要訣은 반드시 성현의 언행을 마음에 체득하고 침잠沈潛하여 말없이 탐구한 다음이라야 비로소 함양涵養되어 학문이 진보하는 성과가 있다는 것이다. 만약 빨리 빨리 말해 넘어가고 대충대충 외어버리고 만다면, 이것은 말마디나 외우고 듣는 말습末習에 불과한 것이다. 비록 천 편의 글을 외우고 머리가 희도록 경전經傳을 이야기한들 도대체 무슨 보탬이 있겠는가?" 하였다.[27]

퇴계는 책을 통하여 성현의 마음과 일치를 이룰 것을 당부한다. 책이 함양涵養 공부의 가장 중요한 수단이므로 절대 대충대충 읽거나 빨리빨리 넘어가지 않도록 주의한다. 정독과 숙독의 공부를 강조한다. 그의 이러한 독서법은 이미 어린 시절부터 체득한 경험에서 우러난 것이다. 퇴계는 6세에 이웃에 사는 노인에게서 천자문을 배웠다. 당시 노인 집에 이르러 울타리 밖에서 전날 배운 것을 두어 번 암송한 이후에 들어가 가르침을 배웠다는 일화가 전한다.[28] 체인體認하는 공부의 중요성을 어린 시절부터 익힌 것이다.

퇴계는 독서가 '사람됨'을 위한 가장 중요한 방편으로 생각하였다. 독서는 철저히 수양을 위한 방편이 되어야 할 것을 강조하였다. 이러한 이유로 학생들로부터 세상을 잘 모르는 우활迂闊한 스승으로 비난받기도 하였다. 풍기군수로 재직할 때, 백운동서원에서 강학하면서 가장 강조한 것도 자기 자신을 찾아가는 위기지학爲己之學이었다. 퇴계는 성균관 대사성에 임명되자 책문을 통하여 사학四學의 학생들에게 우리나라에서 도학이 일어나지 않는 이유가 무엇인가에 관한 근본적인 질문을 제기하였다. 그러나 학생들이 다들 우활한 것으로 치부하고 한 사람도 책문에 응하는 자가 없었다. 도학을 향한 퇴계의 열망을 학생들이 외면한 것이다.

27 『退溪言行錄』 卷1, 學問, 〈讀書〉

28 『退溪先生年譜』 卷1, 年譜, 武宗正德元年中宗大王元年丙寅。先生六歲, "始知讀書。隣有老夫。頗解千字文。先生就學。朝必洗櫛至籬外。默誦前授數遍而後入。俯伏聽受如嚴師焉".

퇴계는 서원에서 서책을 관리하는 방법과 독서법에 대해서 이렇게 세심한 관심을 기울였다. 퇴계가 작성한 〈이산서원원규伊山書院院規〉에는 서책에 관한 다음과 같은 조문이 실려 있다.

○ 제생諸生들은 독서하는 데 사서四書·오경五經을 본원으로 삼고『소학小學』과『가례家禮』를 문호門戶로 삼으며, 국가의 인재를 진작시키고 양성하는 방법을 따르고 성현의 친절한 교훈을 지켜서 온갖 선善이 본래 내게 갖추어진 것을 알고 옛 도道가 오늘날에도 실천할 수 있는 것을 믿어서, 모두 몸으로 행하고 마음으로 체득하며 체體를 밝히고 용用을 적합하게 하는 학문에 힘쓰도록 한다. 여러 사서史書와 자서子書와 문집, 문장文章과 과거 공부 또한 널리 힘쓰고 두루 통달하지 않으면 안 된다. 그러나 마땅히 내외內外·본말本末의 경중輕重과 완급緩急의 차례를 알아서 항상 스스로 격려하여 타락하지 않게 하고, 그 나머지 사특하고 요망하고 음탕한 글은 모두 원내院內에 들이어 눈에 가까이해서 도道를 어지럽히고 뜻을 미혹하지 못하게 한다.

○ 제생들은 항상 각자 서재에서 조용히 있으면서 오로지 독서에 정진하고, 의심나고 어려운 것을 강론하는 일이 아니면 부질없이 다른 방에 가서 쓸데없는 얘기로 시간을 보내어 피차간에 생각을 거칠게 하거나 학업을 폐해서는 안 된다.

○ 책은 문밖에 내갈 수 없고 여색女色은 문안에 들여올 수 없으며, 술은 빚어서는 안 되고 형벌은 써서는 안 된다. 책은 내가면 잃기 쉽고 여색은 들여오면 더럽혀지기 쉽다.

원규에는 비록 짧은 내용이지만, 서적관리에 대한 퇴계의 관심이 잘 드러나 있다. 선현의 서책을 신명神命처럼 존중한 도산서원의 전통은 퇴계의 이러한 독서관에서 유래한 것이다. 조선의 심학을 완성하고자 하는 퇴계의 열망은 이 분야 서책에 대한 탐독으로 이어졌다. 1553년 6월의 기록에는, 저녁에 홍인우와 남언경이 도산서당을 찾아 밤이 늦도록 토론하고, 홍인우에게 왕수인의 『전습록』을 빌려준 기록이 나타난다. 또 『의려선생집醫閭先生集』을 초해서 진헌장陳憲章과 왕수인王守仁의 글을 초한 것 뒤에 부치고, 정좌의 학문이 자칫하면 선학禪學으로 흐를 수 있음을 경고하는 글을 남기기도 하였다. 그는 생도들에게 독서도 각자의 학문 수준과 역량에 맞추어서 하도록 교육하였다. 『근사록』은 그 뜻이 매우 깊고 맑아서 초학자들이 이해하기 어려우므로 학자들에게 먼저 가르치지 않고, 그 재주에 따라서 가르칠 것을 당부하였다. 학습자의 수준에 맞게 교육하고자 하였다.

그러나 그는 가장 중요한 것이 마음공부, 즉 심학心學 공부이므로 『심경心經』과 『근사록近思錄』과 같은 책을 정독할 것을 당부하였다. 특히 송의 진덕수陳德秀가 펴낸 『심경』에 명나라 유학자 정민정程敏政이 다시 여러 유학자와 본인의 견해를 덧붙인 책, 『심경부주心經附註』를 퇴계는 가장 신뢰하였다. 비록 정민정의 견해가 순정하지 못하다는 비판에도 불구하고, 퇴계는 만년에 『심경부주』 강론에 힘을 기울였다. 퇴계는 이덕홍 등의 질의에 대해 「심경후론」을 지어 그의 학문적 관점을 명확히 하는 기회로 삼았다. 이 책을 통하여 존덕성尊德性과 도문학道問學 공부의 관계, 인심과 도심의 관련성 등에 대한 그의 학문적 입장을 확정하고자 하였다. 이에 조호익曺好益, 이함형李咸亨 등의 제자들도 『심경질의고오心經質疑考誤』, 『심경강록心經講錄』과 같은 책을 저술하면서 『심경』이 '성인聖人'의 길로 가는 교과서의 역할을 하도록 하였다.

퇴계는 당시의 부형들이 『심경』과 『근사록』을 읽는 것을 그릇되게 생각하여 책망하는 현상에 대하여 개탄하면서, "배우는 사람들도 시무時務에 겁을 먹고 있어 이 책을 배우는 사람들이 적다. 내가 심경을 강講하는데 미안한 마음이 없지 않지만, 이 책을 놓아두고 다른 책을 강의할 수는 없다."라면서 심학 공부에 대한 강한 의지를 드러내고 있다. 이와 함께 출판에도 상당한 관심을 보였다. 퇴계는 제자인 황준량黃俊良에게 관직 생활 틈틈이 책 출판에 관심을 기울일 것을 당부하였다. 퇴계는 배삼익裵三益에게도 그가 밀양부의 교수로 부임하자 당시 통용되던 오착誤錯이 심한 「주자연보」를 개간하도록 권유하였다. 모두 참 공부를 향한 퇴계의 원대한 구상이 담겨 있는 사업이었다.

도산서원의 건립과 퇴계학단의 태동

퇴계 사후, 그를 기리는 추숭追崇 사업이 본격화되자 도산서당에 사묘祠廟를 세우고 서원으로 승격하자는 논의가 본격화되었다. 예안과 안동 사림들의 노력 끝에 도산서당이 30여 칸의 규모를 가진 서원으로 준공을 보게 된 것은 1574년 여름이었다. 19세기 기록인「도산서원사적」에서는 당시의 상황을 이렇게 설명하고 있다.

> 선조 3년(1570)에 현인이 돌아가시고 선조 7년(1574) 봄, 사람들이 그 터에다 서원을 건립하였으나 미쳐 신주를 모시지는 못했다. 선조 8년 (1575) 여름에 왕명으로 서원에 사액이 내려지고 제사를 지냈다.

퇴계의 위패를 최초로 봉안한 서원은 영천榮川의 이산서원伊山書院이었다. 이 이산서원은 퇴계가 생전에 각별하게 애정을 쏟은 서원이다. 퇴계가 작성한「이산서원기伊山書院記」와 그가 제정한「이산서원원규伊山書院院規」는 도산서원은 물론이고 모든 조선조 서원 원규의 전범이 되었다. 한편 임란 이후 광해조에 이르러 월천 조목趙穆 계열이 서원 운영의 주도권을 잡게 되고, 자연스레 조목을 종향從享 하자는 여론이 강하게 일어났다.

우선 광해 2년에 이르러 퇴계를 포함한 5현에 대한 문묘종사文廟從祀가 실현되었다. 조선조 유학사에서 퇴계가 정맥의 위상을 갖게 된 것이다. 광해 연간 9개소의 서원에 퇴계가 제향된 사실은 문묘종사로 촉발된 퇴계 존모의 열기를 말해 주는 지표이다. 이에 이르러 지금까지 수면 아래의 움직임에 그쳤던 퇴계 적통의 계승문제가 표면화하기 시작하였다.[29] 조목의 문인들은 스승인 조목의 상덕사 입향을 주장하였다. 서애 류성룡과 학봉 김성일 문인을 중심으로 한 안동 사족들의 집단적 반발에도 불구하고, 결국 집권세력인 대북大北의 후원에 힘입어 조목의 종향이 실현되었다. 그러나 도산서원은 월천 조목의 입향入享 문제로 한바탕 큰 파란을 겪게 된다. 월천의 위패는 일반적으로 제자에게 부여되는 자리인 배향配享보다는 낮은 종향從享이었다. 이에 대응해 안동 쪽은 여강서원의 퇴계 위패 옆에 서애와 학봉을 좌우로 배향하였다. 예안은 월천을 퇴계의 적전으로, 반면 안동은 서애·학봉을 정통으로 삼은 것이다.

29 정만조, 「퇴계문인의 分岐와 江左사림의 동향」, 『조선의 정치와 사회』, 집문당, 2002.

퇴계가 서원을 주목한 이유

퇴계가 사학인 서원을 주목한 이유는 무엇일까? 퇴계가 서원을 통해 구현하고자 한 교육적 이상은 무엇이었을까? 우리는 이 점을 확인하기 위하여 서원이 지닌 제도적 특성을 좀 더 눈여겨볼 필요가 있다. 우선 서원의 효시가 되는 소수서원의 설립과정과 퇴계의 역할을 주목해 보자. 먼저 우리가 주의할 점은 오늘의 잣대로 당시의 관학과 사학을 엄격하게 구분하려는 성급함이다. 오늘날 우리는 조선조 교육을 관학官學과 사학私學이라는 이분법적 대립 구도로 단순화시켜 논의하는 것에 익숙하다. 즉 서원은 관학인 향교나 성균관의 교육활동이 무력화되고 공동화된 상태를 극복하고자 한 향촌 사림세력의 교육적 열망이 현실화된 교육기구라는 것이다.

물론 조선조 서원은 당시 향교나 성균관의 파행적인 운영을 극복하고자 설립되었음은 부정할 수 없다. 당시 관학의 피폐상은 사림파들뿐만 아니라 조정의 훈구대신들까지도 함께 우려하고 있었던 사항이다. 퇴계도 "후세에 와서 가르침과 배움이 무너져 국학과 향교는 겨우 형식만 남아 있을 뿐, 가숙家塾과 당상黨庠의 제도는 아예 전무하다. 그러므로 독실한 뜻으로 배우기를 원하는 선비로서 책을 지고도 돌아갈 곳이 없게 되었다. 이것이 서원이 생기게 된 이유이다."[30]라고 말하였다. 젊은 이들이 오로지 순수하게 공부할 수 있는 학교 제도가 절실하게 요구되고, 그러한 바램을 충족할 공간으로서 새로운 서원 시스템이 요청된다

30 李滉, 『退溪先生文集』 卷42, 〈迎鳳書院記〉

는 것이다.

그러나 우리는 이러한 주장들을 확대, 해석하여 마치 관학과 사학이 이념적 대립이나 갈등 관계를 지닌 것으로 파악하여서는 곤란하다. 특히 사학의 교육이념이 국가의 교육이념과 상치된 것으로 파악한다거나, 서원을 오직 사림파의 전유물로 해석하는 것도 경계하여야 할 것이다. 퇴계의 구상은 관학의 장점과 사학의 장점을 아우르고 종합하는 것이었다. 조선조 서원이 모델로 삼고 있었던 송대宋代의 서원도 관학과 사학의 성격을 중층적으로 함께 갖고 있었음을 유념할 필요가 있다. 송의 사대부들은 결코 서원으로 관학을 대신하고자 한 것이 아니었다. 관학과 사학인 서원의 성격이 그렇게 선명한 구별이 나타나지 않았다. 송대 서원의 특징은 관학과 사학의 절충, 이른바 '관사합판官私合辦'의 형식을 보여 준다.[31]

특히 남송南宋의 서원제도는 우리나라의 서원 형성에 모델이 되고 있었다는 점에서 주목할 필요가 있다. 남송의 서원은 여전히 관변 측의 지지를 구하였고, 관학제도와 사학 정신의 결합을 꾀하였다. 또한, 남송대 서원의 건축建築, 학전學田, 사사祠祀, 장서藏書 등의 교육시스템은 모두 관학제도의 발전모델을 따랐다. 학자들은 이러한 서원의 교육시스템이 선림禪林 제도를 모방하였다고 지적하지만, 직접적으로는 똑같은 교육기관인 관학으로부터 모델을 취했음을 주목할 필요가 있다.

31 陳雯怡,『由官學到書院』, 聯經, 2004, 6쪽.

퇴계의 〈역동서원기〉를 보면 예안 현감 곽월과 예안 사림들의 적극적인 협업 속에서 서원이 건립되었음을 알 수 있다. 즉 고을 원은 관에서 회수해야 할 사사전寺社田을 희사함과 동시에 기타 약간의 전결을 두고 양인良人과 천인賤人 몇 명을 소속시켰으며, 또 많은 양의 베와 곡식을 내어 준 후에 떠났고, 뒤이어 온 수령 정유일과 감사 박계현의 적극적인 조력이 뒤따랐다.[32]

주세붕의 서원 창설도 송대의 서원제도를 조선 사회에 수용하면서 송대 서원의 특징인 관학과 사학의 절충, 이른바 '관사합판官私合辦'의 형식을 차용한 것으로 판단된다. 그는 특히 주자를 중심으로 송대의 서원 운영에 대해 깊은 관심을 가졌다. 그는 남송 정권이 내우외환의 여러 어려움 속에서도 지탱할 수 있었던 이유를 서원에서 찾고 있다.[33] 이로 볼 때, 주세붕의 서원관은 윤리적 덕목을 갖춘 사족층의 양성이라는 주자 식의 전략뿐만 아니라, 혼란된 사회의 극복이라는 치국治國적 차원의 전략까지도 함께 지니고 있었음을 알 수 있다.[34]

퇴계야말로 서원의 정상적인 발전을 위해서는 무엇보다도 국가의 관여와 지원이 필요하다는 사실을 잘 알고 있었던 인물이다. 퇴계가 풍기군수로 재직할 때 조정의 사액을 요청하면서 경상도 관찰사 심통원沈通源에게 보낸 서신에는 이러한 그의 생각이 잘 담겨 있다.

32 李滉, 『退溪先生文集』 卷42, 〈易東書院記〉
33 李滉, 『退溪先生文集』 卷42, 〈易東書院記〉
34 졸저, 『서원의 사회사』, 태학사, 2013.

내가 생각건대, 가르침이란 반드시 위에서 시작하여 아래로 도달하게 되어야 그 가르침이 뿌리가 있어서 멀리 오래갈 수가 있습니다. 그렇지 않으면 근원이 없는 물처럼 아침에 가득했다가도 저녁이면 다 빠질 것이니 어찌 오래갈 수 있겠습니까. 위에서 인도하는 바는 아래에서 반드시 따를 것이고, 임금이 숭상하는 바는 한 나라가 사모하는 법입니다. 이제 주후가 창건한 것이 비록 진실로 뛰어나고 위대하며 안공安公의 이룩해 놓은 바가 또한 매우 완벽하고 빈틈이 없다 하더라도 이것은 다만 한 군수郡守나 한 방백方伯이 한 일일 뿐입니다. 일이 임금의 명령을 거치지 않고 이름이 국사國史에 실리지 않았으니 세상의 여론을 불러 일으키고 사람들이 의구심을 진정시키며 온 나라의 본보기가 되어 영구히 전해지지 못할까 염려됩니다.[35]

퇴계가 경상감사인 심통원에게 보낸 이 편지는 초기 서원의 성격과 사액 과정을 설명할 때 빠지지 않고 등장하는 자료이다. 기존의 연구들에서는 이 편지가 퇴계가 지향하는 향촌 자치제의 뜻을 함의하고 있는 것으로 설명한다. 즉 선초 이래 있었던 중앙 통제 방식의 관학적 교화체제를 부정하는 것이며 동시에 향촌 사림 위주의 새로운 교화체제의 전개를 의미하는 신호라는 것이다.[36] 그러나 이 편지에서 퇴계의 서원관이 향촌 자치적인 성격에 근거한 것으로 볼 수 있는 대목은, "감사와 군수로 하여금 다만 그 진흥하고 배양하는 방법과 공급해 주는 물품만 감독

35 李滉, 『退溪先生文集』 卷9, 書, 〈上沈方伯通源書〉
36 이수환, 『조선후기서원연구』, 일조각, 2001.

하게 하고, 가혹한 법령과 번거로운 조목으로 구속하지 못하게 해 주실 것을 청하고자 합니다."라는 주장에서 발견할 수 있을 뿐이다. 이 부분은 명백하게 퇴계가 서원의 운영에서 독자성과 자율성을 강조하고 있는 대목으로 해석하여도 별 무리가 없다.

그러나 퇴계가 보낸 편지에서 가장 강조된 것은 국왕을 포함한 관료층의 서원에 대한 적극적인 관심과 지원이었다. 퇴계는 심지어 서원의 유래를 설명하면서 이발李渤이 여산廬山의 백록동白鹿洞에 세운 백록동서원을 '국상國庠'이라고 하였던 사실을 환기하고 있다. 퇴계는 "임금이 숭상하는 바는 한 나라가 사모하는 법"이니, 주세붕과 안향이 수령과 방백으로써 일을 한 것은 그 효과가 지역적인 차원에 머무르는 한계가 있다고 보았다. 즉 서원제도의 도입이라는 일이 "임금의 명령을 거치지 않고 이름이 국사國史에 실리지 않았으니 세상의 여론을 불러일으키고 사람들이 의구심을 진정시키며 온 나라의 본보기가 되어 영구히 전해지지 못할" 한계가 있다고 보았다. 퇴계는 서원제도의 정착에 국가가 적극적으로 관여해 줄 것을 원했다.[37]

37 졸저, 『서원의 사회사』, 태학사, 2013, 제1장.

퇴계의 사액賜額 청원에 담긴 뜻

풍기군수 시기의 퇴계는 서원을 관학체제로부터 분리하겠다는 의도보다는 오히려 국상國庠으로의 위치를 확보하고자 하는 의지가 강렬하였다. 그는 송조宋朝의 고사에 의거하여, 조정에서 서적과 편액을 내려 주고, 겸하여 토지와 노비를 지급하여 재력을 풍족하게 하였고, 또 감사와 군수는 적극적인 진흥책을 강구하면 서원은 비단 한 읍이나 한 도의 학교에 그치지 않고 한 나라의 학교가 될 것이라고 낙관하였다.

서원에 대한 국가의 사액은 사실상 관학에 버금가는 특전을 부여하는 것을 의미한다. 퇴계의 적극적인 노력과 함께, 백운동서원이 빠르게 정착할 수 있었던 가장 결정적인 힘은 당시 경상도 관찰사로 재직하고 있었던 안현安玹의 광범위한 지원이었다. 안향의 후손이기도 한 그는 전 사간 황효공黃孝恭, 도사 정준鄭浚, 군수 유경장柳敬長, 전 정랑 안공신安公信, 차사원 황준량黃俊良 등과 함께 「사문입의斯文立議」를 작성하여 서원 운영에 관한 전체적인 틀을 완성하였다.[38] 「사문입의」에서는[39] 춘추 향사와 유생들에 대한 처우, 유생 정원을 포함한 제반 학규 등이 상세하게 거론되고 있다. 그런데 여기에서 주목할 사실은 서원에 대한 경제적인 지원이나 관리를 사실상 관에서 관장하도록 조치한 사실이다. 예로 우수사右水使에게 청어기青魚基 3곳, 웅천 관아를 포함한 각 관아에 2,220관을 할당하는 등 서원 경영에 관의 힘을 적극적으로 동원하였다. 또한 보미寶米를 출납하는 것이 어렵게 되면 관에서 차사를 보내어 받아

38 「사문입의」에 관한 기존의 논의는 정만조, 『조선시대서원연구』, 집문당, 1997, 23~32쪽.
39 『紹修書院謄錄』, 「順興文成公廟白雲書院斯文立議」

내고, 수량이 부족하면 관의 비용으로 충당하도록 하는 등 파격적인 지원을 하였다. 그리고 매년 보미와 전답, 서책, 노비의 실태 등을 관에서 회계 감독하도록 하였다. 이러한 조치는 사실상 관아에서 서원 운영에 필요한 제반 물자를 충당하고, 이를 최종적으로 관에서 관리 감독하는 관 중심의 운영 시스템을 구축한 것이다. 따라서 운영 과정으로만 판단한다면, 백운동서원은 사학과 관학의 경계가 불분명한 상태였다.

여기에서 주목할 점은 서원에 대한 사액 제도이다. 풍기군수인 퇴계의 사액 요청에 대해 훈구세력인 이기李芑 등은 다음과 같이 동의를 표하고 있다.

> 이황이 편액과 서적·토지·노비를 하사해 줄 것을 청하였는데 다 따라줄 수는 없으나 편액과 서적 등 2~3건만이라도 특명으로 내려 보낸다면, 먼 곳의 유생들이 반드시 고무 감격하여 흥기할 것입니다. 토지의 경우는 주세붕이 마련해준 것이 부족하지 않으니, 그대로 놓아두고 고치지 않는다면 비록 노비를 주지 않는다 하더라도 사환使喚할 사람을 마련할 수 있을 것입니다. 또 유생이 글 읽기로는 고요한 곳이 가장 좋습니다. 만일 감사와 수령이 학업을 권장하려고 교령敎令을 번거롭게 내려 단속한다면 오히려 사람들이 자유스럽지 못하여 장수 유예藏修游藝의 도에 어긋날까 염려되니, 동요시키지 않는 것보다 나은 방법이 없을 것입니다.[40]

40 『明宗實錄』 10卷, 5年 2月 11日(丙午) 李滉之請賜扁額, 書籍、土田、臧獲, 不可盡從, 而扁額及書籍二三件, 特命下送, 則遠方儒生, 必鼓舞欣感而興起也。土田則周世鵬措置, 不

이렇게 훈구대신들도 토지와 노비와 같은 실질적 지원 외에 편액과 서책 등에 대한 퇴계의 요청을 적극적으로 수용하고 있다. 특히 운영 과정에서 관의 간섭보다는 자율성을 최대한 보장해 달라고 한 퇴계의 요청을 그대로 수용한 점이 주목된다. 요컨대 외부의 간섭을 배제하는 것이 서원제도의 수월성을 최대한 높일 수 있다는 사실에는 사림세력이나 당시의 훈구세력이나 견해를 같이하고 있었다. 소윤 세력이었던 대제학 신광한申光漢은 송 태종의 사액 정책이 공맹의 도통을 계승하고, 서원을 통해 가장 탁월한 정치적 효과를 얻을 수 있었던 방안이라고 보았다.

서원에 대한 사액이 과연 어떤 의미를 지니고 있는지, 그리고 사액 이후 서원의 성격을 어떻게 규정할 것인가를 두고 당대의 인물들도 상당한 혼란을 겪었던 것으로 보인다. 퇴계의 고제高弟이자 예학의 권위자인 한강寒岡 정구鄭逑는 매우 주목할 만한 견해를 피력한다.[41] 그는 "도산서원도 이미 사액을 받았으니 당연히 '국상國庠'이라고 할 수 있다"라고 말한다. 여기에서 '국상'이라는 표현은 국가의 학당이라는 의미로 이해된다. 그는 도산서원이 이미 사액을 받았으니, 다른 사람을 종사從祀하는 것과 같은 중요한 일은 임금에게 계품하지 않을 수 없다고 말한다. 서원이 사액을 통하여 관학적 성격을 획득한 것으로 본다. 따라서 종사從祀의 문제는 사림들 독단으로 거행할 수 없고, 사유를 갖추어 상소하여

爲不足, 仍而不改, 雖不給臧獲, 使喚之人, 出於其中。且儒生讀書, 貴寂寞之境。若監司、守令欲爲勸課, 煩其敎令而檢束之, 則人不自由, 恐乖藏修游藝之道, 莫若勿撓之而已。

41 『寒岡集』卷6, 〈金施普問〉

임금의 윤허가 있은 연후에 시행되어야 하리라 주장한다.

우리는 이러한 주장을 통해 퇴계를 비롯한 당시의 초기 사림세력은 서원이라는 교육기관을 결코 사림들만의 배타적인 전유물로 생각하지 않았다는 점을 알 수 있다. 그들은 사학인 서원도 국가의 전폭적인 지원과 사액과 같은 제도를 통하여 공공성을 확보할 수 있기를 기대하였다. 퇴계는 서원 건립을 통해 이념적으로는 새로운 사림 정신의 창출을 기대하고, 또 다른 측면에서는 관과의 적극적인 협력을 통해 교육의 공공성을 확보하고자 하였다. 이것이 송대 서원이 지닌 '관사합판官私合辦'의 형식을 조선 사회에 맞게 재해석한 한국형 서원의 특징이라고 할 수 있다. 퇴계의 경세가적 안목이 두드러지는 부분이다.

그러나 서원은, 퇴계의 언표와는 달리, 단순한 강도講道의 장소는 아니었다. 서원은 조선사회의 다양한 촌락조직을 묶어 내는 구심점 역할을 하였다. 서원은 고유의 교육 기능 이외에 향촌 사회에 대한 체계적이고 조직적인 관리와 통합기능을 담당하였다. 퇴계가 심학心學 교육의 터전으로 삼았던 서원은 차츰 조선 사회를 하나의 거대한 연망連網 구조로 묶어 두는 구심적 역할을 하였다. 그 구심력은 물리적 힘이나 권력이 아니라, 도학적 이념과 성학聖學을 학습한다는 상징체계에서 비롯된 것이다.

도산서원의 교육활동

퇴계는 서원을 조선 사회에 뿌리내리게 한 주역이다. 주세붕에 의해 백운동서원이 설립되자, 이미 중국의 서원제도에 관한 광범위한 정보를 갖고 있던 퇴계는 이 새로운 교육제도에 각별한 관심을 기울였다. 그는 서원이 새롭게 성장하는 사림세력들을 교육하고 길러내는 가장 적합한 교육기관이 될 수 있다고 확신하였다. 서원을 통하여 유학의 도학주의, 즉 성인聖人을 향한 참다운 길로 가는 공부 방법을 이 땅에 뿌리내릴 수 있을 것으로 보았다. 퇴계는 최초의 서원인 백운동서원에 사액을 청원하는 것을 시작으로 하여, 임고서원, 이산서원, 역동서원, 천곡서원 등 초기 서원의 건립에 주도적 역할을 하면서 사실상 조선조 서원교육의 큰 청사진을 그려 주었다.

퇴계는 서원교육이 성공하기 위해서는 서원을 운영하는 사림들이 독자성과 자율성을 지니고 있어야 한다고 믿었다. 그는 서원의 사액을 청하는 편지를 감사인 심통원에게 보내면서 서원의 운영에 외부의 힘이 관여하지 말 것을 당부하였다. 그러나 그는 동시에 국왕을 포함한 관료층의 서원에 대한 적극적인 관심과 지원을 요청하였다. 그는 “임금이 숭상하는 바는 한 나라가 사모하는 법”이니, 주세붕과 안향이 수령과 방백으로써 일을 한 것은 그 효과가 지역적인 차원에 머무르는 한계가 있다고 보았다. 퇴계는 서원제도의 정착에 국가가 적극적으로 관여해 줄 것을 원했다. 다만 쓸데없는 간섭과 통제로 인해 서원이 공부하는 공간이 되지 못할 것을 우려한 것이다.

도산서원의 교육활동은 주로 거접居接이나 강회 등의 집단적인 학술활동을 활용하였다. 이 방법은 퇴계도 아들 준寯에게 권유하던 공부법이었다. 퇴계는 영천 하과소夏課所에 있는 준에게 편지를 보내 접接에서

학업에 충실할 것과 유익한 벗들을 따라 더욱 매진할 것 등을 당부하였다. 퇴계도 과거 공부를 위해서는 거접과 같은 집단적인 학습활동이 매우 효과적이라는 사실을 잘 알고 있었고, 가까운 친족들에게는 이 방법을 적극적으로 권하였다.

도산서원에서는 거접과 강회가 지속적으로 이루어졌다. 1596년(선조 29) 1월에 작성한 문서에는 거접시居接時의 지출목록이 나타난다. 이때 목면 3필로 『예설』 7권을, 목면 5필로 『시서언해詩書諺解』 12권을, 목면 3필로 『여문정선儷文程選』 6권을 매득하였다는 기록이 나타난다. 일반적으로 거접은 주로 과거 준비를 위하여 춘말하초春末夏初나 하말추초夏末秋初에 설행되며, 그 비용은 별도의 양사전養士田에서 충당되는 것이 관례다. 당시 도산서원의 거접은 어떤 목적으로 얼마간의 기간에 걸쳐 시행되었는지 구체적인 자료가 없어 아쉬움이 있다. 그러나 지금 남아 있는 도산서원은 다수의 원생들이 거접을 행하는 것은 서원의 품격을 훼손한다는 우려에서 금지한 기록이 나타난다.

한편 도산서원의 교육활동 중에서 가장 주목되는 행사의 하나로는 대규모의 강회講會를 들 수 있다. 오늘날의 개념으로는 집단 심포지엄, 혹은 대규모의 세미나에 걸맞은 공부 방법이다. 예로 1787년 12월에 역동서원에서 거행된 『심경心經』 강회는 예안 유림들을 중심으로 하여 100여 년 만에 모임이 성사된 비교적 소규모의 강회라는 의미가 있다. 특히 시회詩會의 형식을 함께 갖추어 당시 강회에 관한 풍속지적인 정보를 제공해 준다는 점에서 주목된다. 한편 1795년에 시행된 을묘강회乙卯講會는 강회의 정치적 성격을 보여 주는 대표적 사례다. 이 강회는 정조의 탕평 정국에 대한 정치적 구상과 깊은 관련이 있었던 것으로 보인다. 당시 정조가 도산서원을 주목한 것은 서학을 비롯한 이른바 이단 잡설에 대한 위기감에서 비롯된 것이고, 을묘강회는 이러한 정국의 흐름에 도산서원이 기민하게 대응한 강회였다. 이와는 달리 1850년의 청량강회淸凉講會는 가장 철학적이고 학문적인 형식의 강회였다. 도산서원 측은 이 강회를 통하여 퇴계 학단의 내부 결속을 다지고, 논란이 되는 주요 쟁점들에 대해 통일된 의견을 수렴하고자 한 것이다. 또한, 강회에서는 백성들을 향한 사랑과 배려를 뜻하는 의미로 '혈구지도絜矩之道'를 해석하고 있다는 점에서 이 강회의 목적이 퇴계 학인들에게 엄중한 사회적 책무를 요청하고 있었음을 알 수 있다. 또한, 1892년 용산龍山 이만인李晩寅이 주도한 오천 강회는 한주 이진상의 심즉리설에 대한 도산서원 측의 공론을 모으기 위한 자리였다. 당시 도산서원 측에서는 영남 퇴계학파 내부에서 진행되던 학문적 분화현상에 대해 일종의 학문적 위기감을 느끼고 있었고, 강회를 통해 그것을 돌파할 새로운 학문적 대안을 찾고자 한 것이다. 말하자면, 이 시기 들어 도산서원은 국내외 정세의 새로운 흐름에 맞설 학문적 대안과 자구책을 모색하는 과도기적 모습을 보여 주고 있었던 것이다.[42]

그럼 조선조에 서원교육을 태동시킨 퇴계의 교육철학은 과연 무엇이었을까? 퇴계가 지향하는 서원교육의 궁극적인 목적은 천명을 깊이 이해하고 그 속에서 아무런 구애 없이 노니는 정신의 높은 경지를 획득

42 정만조 · 정순우 · 김종석 · 손숙경 · 이헌창 · 이수환 · 옥영정, 『도산서원과 지식의 탄생』, 글항아리, 2012.

하는 것이다. 이 세상을 움직이는 가장 근원적인 원리, 즉 천명을 깊이 이해하여 자연과 인간, 인식 주체인 나와 인식 대상인 객체 간의 대립과 틈새를 없애는 것이 서원교육의 목표다. 참다운 인간, 사람다운 사람의 길을 제시하는 것이 서원교육의 목표인 것이다. 그런 점에서 퇴계는 정교政教 중심의 교육에서 예교禮教 중심의 교육철학으로 조선 교육의 방향을 틀었다는 주장은 설득력이 있다.

퇴계와 그의 문도들이 자연 속에서 배우고자 한 것은 자연의 무욕성無欲性과 사심 없는 순결성이었다.[43] 퇴계는 그러한 공부의 요체를 경敬 공부에 두었다. 도산서당은 경 공부를 위한 가장 이상적인 공간이었다. 경敬이란 마음을 투명하게 두어 어떤 순간에도 사심私心이 개입되지 않도록 하는 마음공부를 의미한다. 또한 경敬이란 극기복례克己復禮, 즉 자기 자신을 이기고 마침내 예의 세계로 나가는 것을 말한다. 퇴계의 도산서원은 이러한 그의 경敬 공부를 실현하게 할 공간으로서의 의미를 지닌다.

퇴계가 서원을 건립하고자 한 또 다른 이유의 하나는 한 시대를 책임지는 사림의 양성이었다. 퇴계가 서원을 통하여 길러 낸 사림들은 도학적 이념으로 무장한 조선의 엘리트 집단, 즉 '선비'들을 길러내었다. 16세기, 퇴계가 주도적으로 참여한 초창기 서원은 선비 정신이 충만한 학문의 도장이었다. 선비들은 삶의 표준을 공자를 비롯한 성인聖人에 두었고, 그 성인들의 계보도가 곧 서원에서 가장 중시하는 도통道統이었다.

43 졸저, 『공부의 발견』, 현암사, 2007, 제1장.

조선조 특유의 공부론工夫論은 바로 '성인聖人'이 되기를 갈구하는 공부 방법이다. 도산 서당을 향한 산길을 지나면서 퇴계와 그의 자제가 나눈 다음과 같은 대화는 그들이 지향하는 교육의 목표가 어디에 있는지를 밝게 드러내 준다.

> 선생은 문생을 데리고 고개마루를 넘었다. 이때 산에는 꽃이 만발하였고 안개가 감도는 숲은 맑고 고왔다. 선생은 두자미의 시 한 구절을 읊었다.
>
> 소용돌이에 백로는 마음 고우라 미역감고　　　　盤渦鷺浴底心性
> 외로이 선 나무는 꽃 피어 절로 환하네　　　　獨樹花發自分明
>
> 문인이 이를 듣고 "그 뜻은 무엇입니까?" 하였더니, "'군자는 억지로 하고자 함이 없이 저절로 그러하여야 한다君子無所爲而然'는 것이 이 시의 뜻에 꼭 맞는다. 배우는 사람은 모름지기 이를 체험하여 그 뜻을 바르게 하여 이익을 꾀하지 말 것이며, 도를 밝히고 공을 헤아리지 말아야 한다. 만일 털끝만큼이라도 억지로 하려는 마음이 있다면 학문이라 할 수 없다" 하였다.

퇴계가 앞의 대화에서 말하는 공부의 경지는 공자가 말하는 "마음이 원하는 바대로 따라도 법도를 넘지 않는從心所慾不踰矩" 경지와 다르지 않다. 퇴계가 서원에서 기르고자 하는 인간은 작위적이거나 위선적인 노력의 결과가 아니라, "억지로 하고 자 함이 없이 저절로" 도덕과 예의 세계에 노닐 수 있는 인간, 즉 군자로서의 선비들이었다.

도산서원에 구현된 퇴계의 공부론

퇴계는 교육과 학문이 과거와 같은 도구적 수단으로 전락하는 것을 경계하였다. 그 대안이 서원이었다. 교육이란 참된 '나'를 찾아가는 길을 알려 주는 과정이고, 그 최후의 지향처가 성인이었다. 서원을 지탱하는 공부론의 핵심은 참된 '나'를 찾아가는 과정이다. 퇴계는 〈이산서원기〉에서 "선한 것은 확충하고 악한 것은 극복하여 제거하는 것"이 주자의 가르침이었음을 환기한다.[44]

그것은 공부를 통해 인간의 마음에 있는 본성本然之性을 되찾아, 참된 나를 회복하고 마침내 성인聖人의 세계에 다다르게 되는 과정이다. 서원이란 이러한 학문적 노력을 할 수 있는 최적의 공간을 확보하고자 하는 노력이었다. 퇴계는 서원에 대한 기대를 이렇게 시로써 표현하였다.[45]

늙도록 경서연구 도를 듣지 못했더니	白首窮經道未聞
다행히도 여러 서원 사문을 빛내어라	幸深諸院倡斯文
어이하여 과거길이 온 바다를 뒤집어서	如何科目波飜海
나의 시름 일으키어 구름처럼 가리는고	使我閒愁劇似雲

퇴계는 서원을 통해 성인의 가르침을 내재화할 수 있다고 보았다. 따라서 서원이 감당할 가장 중요한 일은 훌륭한 '산장山長'을 모시는 일이

44 李滉, 『退溪先生文集』 卷42, 〈伊山書院記〉
45 李滉, 『退溪先生文集』 卷4, 〈總論諸院〉

었다. 산장은 원생들로 하여금 성인의 문정으로 들어가게 하는 도덕적인 안내자이다. 퇴계는 "서원에서는 반드시 유선儒先으로서 도를 아는 이를 선택하여 산장山長으로 삼아 일을 관장하고 통솔하게 함으로써 도술道術이 분산되지 않고 학자가 거취를 알게 할 것"을 주문하였다.[46] 퇴계는 가장 바람직한 스승과 제자의 관계는 '명륜明倫'이라는 유학적 이상을 잘 전해주고 넘겨받는 관계로 보았다. 그는 오륜을 근본으로 삼아 이치를 궁구하고 행실을 돈독히 하여 학문을 하는 것이 서원의 가장 중요한 일임을 지적하고, 그 구체적인 대안을 주자의 백록동강규白鹿洞講規에서 찾았다.[47]

퇴계는 '스승'이라는 이름에 구체적 삶의 형식을 제공하는 중요한 단서를 제공하였다. 퇴계는 화담花潭 서경덕과 같은 유기론唯氣論적 공부론은 인륜과 도덕의 문제에서 매우 취약한 모습을 보일 수밖에 없다고 보았다. 화담에게 있어 이理는 기의 한 속성이자 조리條理로서의 의미를 지닌다. 이는 기가 지닌 일정한 규칙성과 법칙성을 의미할 뿐이다. 이理는 결코 기를 초월한 선험적 질서나 규칙도 아니요, 인륜적 질서의 당위성을 보장해 주는 궁극적 실체도 될 수 없다. 따라서 화담이 경의 상태를 통하여 궁극적으로 이해하고자 했던 것은 기의 모이고 흩어짐에 의해 실현되는 우주적 존재질서의 여여如如한 흐름과 그 규칙성이었다. 또

46 李滉, 『退溪先生文集』 卷42, 〈迎鳳書院記〉
47 李滉, 『退溪先生文集』 卷42, 〈伊山書院記〉

한, 그의 경 공부는 "생각도 없고 허물도 없는無思無過 경지에" 이르는 것을 목표로 하고 있다는 점에서 그 무위無爲적 경향이 농후하다.[48] 퇴계는 이러한 주기론主氣論적 해석으로는 당대의 허물어진 도덕적 가치를 복원할 수 없다고 보았다. 퇴계는 뛰어난 스승이 있는 서원, 이곳을 통하여 허물어진 이학적 토대를 바로 세울 수 있다고 생각했다.

퇴계는 이단에 흔들리는 스승을 통해서는 학문의 바른길로 들어갈 수 없다고 보았다. 그것을 체계화한 것이 그의 도통론이다. 퇴계는 서원을 통하여 도통론에 근거한 그의 고유한 공부론의 초석을 깔아 놓고자 하였다. 그의 도통론은 조선사회에 가장 적합한 형식의 사상을 찾아 그 길을 후학들에게 넘겨주는 작업이었다. 퇴계는 유교 사상 속에 잠복되어 있는 불교와 도교적 요소에 대해서도 매우 예민한 반응을 보였다. 퇴계는 주자의 스승 유병산劉屛山(1101-1147)이 관료 시절 불교의 청정 적멸의 도에 빠졌던 사실에 대해 매우 곤혹스럽게 생각하였다. 그는 절동浙東에 자리했던 금화학파金華學派의 여조겸呂祖謙과 사공학파事功學派의 진량陳亮의 사상에 대해서도 매우 부정적이었다.

퇴계가 찬한 〈주자행장〉에는 주자가 절학浙學의 위험성을 극력 비판하였다고 적고 있다. 그 비판의 대상은 여조겸呂祖謙 등의 무리로서, 즉 "절학浙學은 육경과 논어, 맹자를 버리고 사마천을 존경하며, 이理를 탐구하고 본성에 관한 철저한 탐구를 하는 학문 태도를 버리고 세태의

48 졸저, 『공부의 발견』, 현암사, 2007.

변화를 담론하며, 마음 다스리고 몸 닦는 일을 관두고 일의 실효성을 즐기는 것인데, 이것은 학문을 크게 하는 사람의 심술心術에 해가 된다”[49] 라고 하였다. 퇴계는 이어서 주자가 절동의 공리를 추구하는 사공파事功派의 인물인 진량陳亮에게 보낸 편지에 “의義와 이利가 함께 움직이고雙行 왕도와 패도가 병행한다는 설을 비판하였다”라고 적고 있다.[50] 퇴계는 〈이산서원원규〉를 통하여 이단의 글을 따르고 이욕만을 추구하는 것을 강한 어조로 성토하고 있다.

> 제생들 가운데 뜻을 굳게 세우고 나아가는 길을 정직하게 하며, 사업은 원대한 것으로 스스로 기약하고 행실은 도의를 귀추歸趨로 삼는 자는 잘 배우는 것이고, 마음가짐이 비천하고 취사取捨가 현혹되며, 지식은 저속하고 비루함을 벗어나지 못하고 뜻과 희망이 오로지 이욕에만 있는 자는 잘못 배우는 것이다. 만일 성품과 행실이 괴이하여 예법을 비웃고 성현을 업신여기며 정도正道를 위반하고 추한 말로 친한 이를 욕하며, 여러 사람을 괴롭히고 법도를 따르지 않는 자는 원중院中에서 함께 의논하여 쫓아내도록 한다.[51]

49 『宋季元明理學通錄』 卷1, 〈宋季〉

50 『宋季元明理學通錄』 卷1, 〈太師徽國文公朱先生〉

51 李滉, 『退溪先生文集』 卷41, 〈伊山書院院規〉, “諸生立志堅苦 趨向正直 業以遠大自期 行以道義爲歸者 爲善學 其處心卑下 取舍眩惑 知識未脫於俗陋 意望專在於利欲者 爲非學 如有性行乖常 非笑禮法 侮慢聖賢 詭經反道 醜言辱親 敗羣不率者 院中共議擯之”.

위의 글은 삿된 행실을 하는 인물에 대한 배척뿐만 아니라 주자 정학에 대한 강한 열망을 담고 있다. 퇴계는 절동학浙東學이 지녔던 좀 더 자유스럽고 절충주의적인 지적 전통을 경계하였다.[52] 퇴계는 『주자서절요』에서 주자가 여조겸에게 유교와 불교의 구분을 "마땅히 극론하여 분명히 가려야 할 곳에 대하여 조금이라도 모호함을 남기지 않을 것"을 당부한 것을 실어 여조겸 사상이 지닌 절충적인 성격을 지적하고 있다. 여조겸의 학문은 역사연구와 경세학을 중시하는 절동학浙東學의 특성을 지니고 있었다. 그는 주자처럼 철학적 문제를 연구하기 위해 많은 노력과 시간을 투자하지 않았다. 퇴계의 『주자서절요』에서는 주자가 여조겸에게 『논어』나 『맹자』와 같은 경서를 읽히지 않고 『춘추좌씨전』이나 제현들의 상소문만을 읽게 하는 것을 비판하면서, "사서史書는 혼잡하여 번거롭고 귀찮고, 경서는 맑고 담백한 것"[53]이라고 하여 경서 위주의 교육을 할 것을 권유하는 글을 옮겨와 싣고 있다. 주자는, "여씨 가학은 '어떤 한 문파만을 전문적으로 연구하지 마라. 어떤 한 이론만을 편파적으로 따르지 마라' 하는 것입니다. 그렇기에 그들의 학문은 넓지만 불순합니다."[54]라고 하며 여조겸의 학문이 잡박함을 비판하고 있다. 여조겸을 포함한 청대 절동 사학자들은 '육경六經이 모두 사서史書'라는 관점으로

52 여조겸에 대한 자세한 논의는 졸고, 「퇴계 도통론의 역사적 의미」, 『퇴계학보』 제111호, 2002.

53 『朱子書節要』 卷4, 〈呂劉問答〉

54 『朱文公文集』 卷43, 21쪽, "呂公家傳深有警悟之處, 前輩涵養深厚乃如此. 但其論學殊有病, 如云'不主一門, 不私一說', 則博而雜矣".

서 유가 경전을 모두 역사서로서 간주한다. 여조겸은 "어떤 것이 극점에 도달하면, 이를 변화시키는 사람들이 틀림없이 있을 것이다. 만약 이를 어느 누구도 변화시키려 하지 않는다면, 그것은 내부 자체의 힘에 의해 변화될 것이다."[55]라고 역사의 내재적 발전을 승인하고 있었다. 여조겸의 이러한 경향은 명백하게 퇴계의 도덕 중심적 역사관과 충돌하는 모습을 보여 준다.

이렇게 퇴계의 도통론은 도학의 연원과 그 계보를 찾는다는 점에서 결국 그의 성인聖人을 향한 구도의 여정과 다름이 없다. 그는 「병명屛銘」, 「성현도학연원聖賢道學淵源」, 「이학통록理學通錄」 등에서 지속적으로 도학의 올바른 계보도를 작성하고자 하였다. 그는 주자를 표석으로 삼아 성인에 이르는 참된 공부론을 재정립하고자 하였다. 이러한 성학의 길에 들었던 인물들의 연원과 계보를 잇는 작업이 곧 퇴계의 도통론이다. 퇴계에게 있어 서원은 이러한 도통론을 확인, 확산하는 최적의 공간이었다.

서원은 곧 이러한 경敬과 성誠의 공부를 실현하기 위한 최적의 장소다. 경敬의 실현에는 엄청난 어려움이 뒤따른다. 언제 어떠한 상황에서도 스스로를 이겨내야 한다는 점에서 초인적인 수행을 요구한다. 경敬으로 마음을 투명하게 두어 어떤 순간에도 사심私心이 개입되지 않도록 하고, 이것이 항상적으로 실현될 수 있도록 성을 다하는 자세가 필요하

55 『呂東萊文集』 卷19, 431쪽, 〈史說〉, "此事極, 則須有人變之, 無人變, 則其勢自變".

다. 서원은 선비들의 양성을 통해 삶의 철학인 도학을 이 땅에 자리하게 하였다. 퇴계는 "삼대의 학교는 모두 인륜을 밝힌 곳인데 후세에 이르러 성인 임금이 일지 않고 옛 도가 무너져 문사文詞, 과거, 녹리祿利의 풍습이 사람의 마음을 해치고 미친 듯한 세파에 휘둘려 만회하지 못함으로써 안으로는 국학, 밖으로는 향교가 모두 암담한 실정"[56]으로 변하였다고 주장한다.

여기에서 퇴계가 겨냥하는 서원교육의 목표는 명확하다. 퇴계는 인간을 단독자나 개별자로 분리하여 파악하는 것이 아니라, 얽히고설킨 관계의 그물망 속에서 그 역할과 의미를 찾고자 한다. 이런 점에서 유학의 공부론이 사회적인 공동선을 찾아내고자 하는 노력 자체가 암초에 부딪힌 현대 교육에 많은 시사점을 줄 수 있다. 오늘날의 많은 지식인은 아예 현대 문명은 근본적으로 우리가 모두 공동으로 추구할 수 있는 공동선을 가지지 못할 것임을 경고한다.

매킨타이어A. MacIntyre에 따르면, 오늘날의 사회는 본질적으로 모든 사람이 동의할 수 있는 도덕원리를 함께 공유할 수 없는 사회이다. 그 이유는 오늘날의 무제약적인 "정의주의적 자아unencumbered emotivist self"는 필수적인 사회적 정체성이 모자라고 "어떤 것도 될 수 있고, 어떤 역할도 수행할 수 있으며, 어떤 관점도 취할 수 있는" 이른바 가치의 사유화 현상privatization of the good이 일어나게 된다는 것이다. 사회적인 공동

56 李滉, 『退溪先生文集』 卷42, 〈伊山書院記〉

선을 확보하지 못하고, 개인들이 각자의 이기적 생존 전략을 정의로 주장할 때 공적인 정의는 급격히 그 힘을 상실한다. 즉 개인적으로는 지나친 자유주의적 개인주의에 따라 주관주의로 흘러가고, 사회의 차원에서는 '성공적인 것이 좋은 것이다'라는 관료제적 합리주의로 인하여 이른바 '유령적 자아'만이 양산되고 있다는 것이다.[57]

이제 우리 교육은 왜 한국사회에서 요구되는 이 시대의 공동선을 제시하고 형성하는 것에 실패하고 있으며, 도덕적 통합을 가능하게 할 건강한 자아 회복에 무기력한 모습을 보여 줄 수밖에 없는지 등의 문제를 철학적이고 문명사적인 차원에서 논의해야 할 시점이다. 이런 점에서 볼 때, 퇴계 서원관에 내재해 있는 그의 공부론은 이 사회를 유기체적 질서organic order 속에서 파악하고, 각 개인의 도덕적 역할과 기능을 전체적인 균형과 조화 속에서 찾고자 하는 전체론적 사유holistic thinking의 한 형식을 보여 주고 있다는 점에서 주목할 만하다.

57 Alasdair MacIntyre, 『덕의 상실』, 이진우 역, 문예출판사, 1997.

도산서원의 제향의식

도산서원 제향(한국국학진흥원 제공)

도산서원의 제향의식은 크게 향사享祀와 알묘謁廟로 나눌 수 있다. 향사가 서원에서 가장 큰 의례라고 한다면, 알묘는 평소에 행해지던 것이라 볼 수 있다. 도산서원 알묘에는 일반 내방객이 사당을 참배하는 '일반알묘'와 서원의 유사가 매월 초하루과 보름에 분향·참배하는 '삭망향알朔望香謁', 매년 정월 초 5일에 유사를 비롯한 유생들이 함께 알묘하는 '정알正謁', 또 춘추 향사 전날에 헌관 이하 모든 집사들이 참배하는 '정재일알묘례正齋日謁廟禮' 등이 있다.

향사는 이황의 유덕遺德을 기리고 추모하는 목적에서 매년 음력 2월과 8월의 중정일中丁日에 거행된다. 만약 중정일이 국기일國忌日에 해당하거나 유고가 있을 때는 하정일下丁

日에 행하고, 이때에도 적합한 날이 없으면 해일亥日로 한다. 봄에 봉행하는 것을 춘향春享이라 하고, 가을에 봉행하는 것을 추향秋享이라고 한다. 향사와 알묘의 장소는 상덕사尙德祠로 퇴계 이황과 월천 조목의 위패를 모셔둔 사당이다. 원위元位는 '퇴도 이선생退陶 李先生'이고, 종향위從享位는 퇴계의 제자인 '월천 조공月川 趙公'이다.

향사를 봉행하는 달의 초하룻날 상유사(원장)와 하유사(재유사)와 별유사 등은 전교당典敎堂에 모여서 헌관獻官(아헌관 · 종헌관 · 분헌관) 및 축관祝官과 집례執禮를 선정하여 이들에게 보낼 망기望記를 작성한다. 초헌관은 원장이 맡기 때문에 별도의 망기를 작성하지 않는다. 그런데 만약 헌관 및 축관과 집례에게 유고가 있게 되면 입재入齋일 이전에 사유를 적은 단자單子를 반드시 보내야 한다. 그 외 집사들의 경우에는 망기가 아니라 회문回文(일종의 초청 편지)을 써서 보낸다.

퇴계와 도산서원에 대한 조정에서의 예우도 남달랐다. 조정이 도산서원에 내리는 최고의 예우는 사제賜祭 의례다. 사제는 국가에서 종친이나 대신, 국가를 위하여 죽은 종2품 이상의 문무공신文武功臣 및 외방에서 공사公事로 죽은 사람에게 왕이 제문과 제물을 갖추어 지내주는 제사를 의미한다. 도산서원에도 퇴계의 학덕을 기린 전후 5차례의 치제致祭가 있었다. 특히 영, 정조의 탕평정국에서 집중되었던 점이 이채롭다. 영조 9년(1733)의 「치제일기致祭日記」, 정조 5년(1781), 정조 9년(1785), 정조 16년(1792)의 「사제일기賜祭日記」가 남아 있다. 1733년(영조 9)의 치제는 퇴계의 언행록이 발간된 것을 축하하기 위한 행사였다. 국왕은 홍문관 부수찬 정형복鄭亨復을 치제문과 함께 보내 제사 지내게 하였다. 예관인 부수찬 정형복이 고을에 도착할 때, 운영대雲影臺 아래에 개좌한 회원이 500여 명이었다.

영조를 이어 정조도 집권 초기부터 영남지역의 큰 서원들에 대해 지대한 관심을 기울였다. 1781년의 『사제일기』는 치제에 임하는 조정과 도산서원의 대응을 가장 잘 드러내는 문건이다. 정조 5년(1781)에 국왕은 승지 이양정李養鼎을 영남의 서원에 치제하러 보내 영남의 민심을 다독였다. 국왕이 특별히 도산서원과 옥산서원에 치제하라 명하고, 또한 두 서원을 그려 병풍을 만들어 올리라 명하였다는 내용이었다. 조정에 보낼 도산서원 그림에 대해서도 준비를 철저히 하였다. 당회 시에 의논하여 유생 이진악李鎭岳 이귀복李龜福으로 화본畵本을 초안하게 하여 조정에서 파견한 화사畵師가 혹 소략하게 하거나 누락시키는 곳이 있을까 사전에 밑그림을 그리도록 하였다. 「도산기」에 실려 있는 장소와 서원을 창설한 후의 사당, 묘우, 건물들을 편액과 함께 남김없이 기록하였다. 계상의 구택과 산성山城의 묘소도 그려 넣도록 하였다.

고유제를 지낼 때, 운영대 아래에 개좌開坐한 회원이 1,400여 명이었다. 치제일인 5월 22일 새벽, 향축香祝을 공손히 맞이하기 위해 운영대 아래 개좌하였는데 참여 인물이 2,500여 명에 이르렀다. 이때 영천 군수 담헌 홍대용洪大容은 축사祝史로 참여하였다. 정조는 임자년(1792, 정조16) 3월에도 각신 이만수李晩秀를 도산서원과 옥산서원에 보내어 치제하게 하였다. 정조는 도산서원에 치제하는 날에 참가한 유생에게 시험을 보이고 그 시권을 가지고 와서 바치도록 하라." 하고서, 부賦의 제목 1통과 시의詩義 1통을 내렸다.

시사단(한국국학진흥원 제공)

이때 시사단에서 행해진 별과別科에는 수천여 권券의 답안이 제출되었고, 입격入格한 사람의 방목榜目과 과문科文을 모아서 『교남빈흥록嶠南賓興錄』을 편찬하였다. 시사단에서 행해진 별과는 3월 25일에 설행되었다. 진시辰時에 유생 수를 헤아려보니 곧 만여 명으로 회집이 완료되었다. 밤이 깊은 후에야 비로소 과장科場을 거두었는데, 수거한 시권試券이 3,730여 장으로 입장한 숫자와 비교하면 수거한 시권이 매우 적었다. 별과의 결과는 관문關文에 따라 유학 강세백姜世白, 생원 김희락金熙洛에게 곧바로 전시殿試를 볼 자격을 주었다. 이 시사단 별과는 영남 사림들의 사론을 크게 격동시켰다.

도산서원 향사에는 원규에 의거하여 여성 참례를 제한하였다. 그러다가 2002년부터 여성의 참례를 허용하는 큰 변화가 나타났다. 2009년 춘향부터는 종전의 2박 3일로 봉행하던 향사 기간을 1박 2일로 단축하고, 심야에 치르던 것을 오전 11시로 변경하는 등 현대인들의 생활 패턴에 맞추어 개선하였다. 이에 상유사와 하유사는 향사를 거행하기 3일 전에 입재하고, 헌관 및 축관 · 집례 · 유생들은 2일 전에 입재 했었지만, 2009년부터는 모든 집사와 유생들은 향사를 치르기 하루 전의 오전 10시까지 서원에 들어오도록 하고, 정재일正齋日의 이른 아침에 알묘례를 행하였던 것도 향사 전날의 오전 11시로 변경되었다.

서책 치부置簿 및 간행

도산서원은 서책의 보관 및 관리에도 심혈을 기울였다. 서원의 가장 중요한 기능 중의 하나가 지역의 도서관 역할이다. 지금까지 퇴계 문집과 서원 관련 고문서가 남아 있는 것은 서원 유사들의 헌신적인 노력에 힘입었다. 도산서원 전적의 관리 기록 가운데 규모가 가장 방대한 것은 〈광명실전장기光明室傳掌記〉이다. 광명실 소장 서책의 실태를 담은 〈전장기〉는 17건이 있다. 봄이나 여름 포쇄 때 장서를 점검하고 이를 위해 목록이 작성되었다. 이 외에 전체목록이 작성되지 않은 경우는 이 기록을 가지고 몇 개 식년 간을 대조하면서 특이사항이 있으면 추가로 기록하였다. 또 특별히 추향秋享(8월), 춘향春享(2월)과 같은 향례享禮나 정알正謁(1월), 부정기적인 당회堂會 등의 행사가 있을 때를 기해서 새로 확보된 전적을 추가하였다. 이외에 〈서책질書冊秩〉이 있으며, 여타의 전장기에도 장서 기록이 불규칙적으로 확인되고 있다.

현재까지도 전해지고 있는 도산서원의 소장본에서는 16세기와 17세기의 간본을 다량 확인할 수 있다. 성리학 관련 서적, 사서삼경류, 중국 역대 시인과 문장가의 시문집, 중국 역사류, 서원 법규안, 일반 문집류 등 다양하다. 일부는 사들인 예도 있지만, 기증사례가 매우 많이 나타난다. 특히, 퇴계 문인들이 개인 소장 서책이나 희귀한 자료 등을 희사한 것으로 보인다.[58] 이만걸李晩杰 외 23명의 인명이 나타난다. 학봉 김성일이 [도산잡영]을 보냈다는 기록도 있다. 『운부군옥』을 1588년(선조 21)에

58 옥영정, 「엄격한 서책관리와 도서관 역할」, 『도산서원과 지식의 탄생』, 글항아리, 2012.

광명실(한국국학진흥원 제공)

사들였다는 기록이 있다. 예로, 퇴계 관련 서적의 수집이나 간행에 관한 기록을 살펴보면 다음과 같다.

◇ 선조가 선생문집을 교서관에서 인출하라고 지시하다.(1573)

◇ 《송계원명이학통록宋季元明理學通錄》을 안동부에서 간행하다.(1575)

◇ 김성일이 나주목에서 《성학십도》와 《계산잡영溪山雜詠》을 발간하였다. 김성일이 《주자서절요》와 《퇴계선생자성록》을 발간하였다.

◇ 이운李芸이 도산서원 장무掌務로서 임진왜란이 일어나자 서책은 땅속에 묻고, 선생 위패를 모시고 청량산을 거쳐 소수서원으로 피난하였다가 7년 후 1599년에 상덕사에 다시 모셨다.

◇ 《퇴계선생문집(초간본 일명 경자본)》 내집49권, 별집 1권, 외집 1권을 도산서원에서 간행하고 상덕사에 고유를 올렸다.【월천연보, 백암연보, 성재연보, 죽유연보】

◇ 《퇴계선생언행록(이수연 편)》을 도산서원에서 간행하다.(1733)

◇ 《주자서절요》《송계원명이학통록》을 중간하다.(1743)

◇ 광명실光明室을 처음 지어 서책 2,030책을 옮겼다.(1775)

◇ 규장각에서 간행한 《맹자집주대전》, 《서전대전》, 《시전대전》, 《주역전의대전》, 《대학장구대전》, 《중용장구대전》을 내사하다.[내사기內賜記](1793)

도산서원은 서적의 반·출입에 매우 엄격하였다. 원규院規의 총칙 인수 인계조에는 "서책은 별도로 장부를 비치해 두어야 하고, 유사가 교체될 때는 먼저 목록을 가지고 확인하고 나서 포쇄를 하거나 당회가 있을 때 하나하나 대조 확인해야 한다."라고 엄격하게 규정하였다.[59]이렇게 도산서원은 개원 이래 서책 관리와 보관에 깊은 관심을 기울이면서 도서관의 역할을 충실히 하고자 하였다. 특히 광명실이 건립된 이후에 그 관리가 더욱 엄격해졌다. 도산서원 원규의 총칙 광명실 개폐 규정에는 "반드시 삼임三任(원장, 재유사, 별유사)이 모두 모이거나 당회堂會 시에만 개폐가 가능하고 한두 사람으로는 광명실 출입이 불가능하며, 불가피한 사정이 있을 경우에는 원임原任에게 품의하여 처리토록 한다."라고 하였다.

을미년(1775) 5월 15일에 작성된 「을미서책치부乙未書冊置簿」는 광명실 건립 전후의 서책 실태와 보관에 대한 매우 중요한 정보를 담고 있다. 이 일기에 따르면 "도산서원의 서적을 예전에는 상재上齋(한존재)의 좁은 방에 보관하였는데, 권질卷帙이 많아 시렁에 가득 차서 넘치며 매연과 습기가 차고 또 화재에 대한 경계가 없을 수 없었다. 을미년 봄에 비로소 정당正堂(전교당)의 동쪽 머리에 1칸을 지었다. 역동서원을 본떠 와서 광명실光明室 3자로 편액하니 바로 퇴계 선생의 친필이다"라고 명기하고 있다. 또한, 예전에 보관한 서책은 비록 서원 문을 나갈 수 없었으나 세월이 오래되어 흩어져 없어진 것이 많았음을 밝히고 있다. 특히 『매화시첩梅花詩帖』의 경우, " 당초에 인쇄하여 보관하였으나 언제 누가 가져

59 김종석, 『도산서원 고전적』 해제, 2006.

가고 베어갔는지 모르나 바른 흔적이 뚜렷하여 가릴 수 없으니 놀랍고 가슴 아프다. 무술년(1778) 6월 일 다시 인쇄하여 추가로 넣었다."라고 그 전말을 밝히고 있다. 당시 보관된 서책은 유묵遺墨과 인묵印墨은 제외하고 『주자대전朱子大全』 95책을 포함하여 도합 2,030권이었다.

한편 무술년(1778) 6월에 작성된 「서책포쇄시일기書冊曝曬時日記」는 서책 관리에 대한 서원의 노심초사를 읽을 수 있다. 새로 지은 광명실이 "연기와 불기운이 통하는 곳이 아니며 또 남쪽을 향하고 바람을 끌어들이는 곳도 아니며, 한 번 걸어 잠그면 어떤 경우에는 몇 달 동안 열지 않으니 수천 권을 쌓아둔 가운데 비록 빗물이 스며들지 않더라도 자연히 습기에 젖어 상하는 것은 필연적인 형세이다."라고 우려를 표명하고 있다. 따라서 반드시 초하루와 보름에 이따금 열어보고 점검한 뒤에야 썩고 좀먹는 근심을 면할 수 있고, 햇볕과 바람에 말리는 것은 비록 1년에 5~6차례 하여도 무방하리라 제안하고 있다. 또한, 궤 가운데 편지 첩[手簡帖]은 매우 중요한데 언제 잘라 훔쳐 간 것이 몇 장인지도 모른다고 개탄한다.

이와 함께 도산서원에서는 완성된 형태의 퇴계전서를 인간印刊하고자 하는 노력을 게을리하지 않았다. 최초의 간본은 월천 조목이 동학과 더불어 1600년 5월에 완성한 이른바 경자본庚子本으로서 본집 49권, 별집 1권, 외집 1권으로 구성되어 있다. 이 경자본은 3종의 초본을 저본으로 하였다. 1868년에 작성된 이만준李晩埈의 「퇴계선생전서전말」 중의 〈일기후서日記後敍〉에서는 퇴계의 유집 초본 3건의 성격을 알 수 있다. 우선 『퇴도선생집退陶先生集』은 신미년(1571) 여름에 숙유들이 글을 정선하여 천자문 순으로 책의 차례를 정한 것이다. 도산서원에 소장된 것은 20책에 불과한데 이것이 바로 최초본이다. 둘째, 『퇴계선생집退溪先生集』 40책은 서찰을 주고받은 집에서 각기 베껴서 보냈기 때문에 종이의 좋고 나쁜 차이가 있고, 필획의 능란하고 서투른 차이도 있으니 이것이 중본中本이다.

『퇴계선생문집退溪先生文集』 30책은 경자본의 대본으로서 인본과 대동소이하나 모두 흩어져 잃어버린 폐단을 면하지 못하였다. 또한 선생이 남기신 편언척자片言隻字라도 가감없이 수록하자는 조목과, 글을 정선하여 논어와 같이 7책으로 완성하자는 류성룡, 김성일 등 제자들 사이에 편집 방향을 두고 이견이 노출되고 있었음을 알려준다.

그 뒤 후손인 청벽青壁 이수연李守淵이 광명실에 소장된 습유拾遺 몇 권과 인근 여러 선비들 집안의 자료를 종합하여 만든 『퇴계선생속집退溪先生續集 』 8권 4책이 병인년(1746)에 완성되었다. 이어서 122년이 경과하여 기사년(1869) 정월에 후손 치옹癡翁 이휘부李彙溥가 중심이 되어 완성한 『도산전서陶山全書』(內題는 『퇴계선생문집退溪先生文集』)는 속칭 번남본樊南本이다. 광명실 소장 자료와 경향 각지에서 보내 온 퇴계 관련 자료들을 운산 이휘재李彙載, 서산 이만호李晩浩 등이 중심이 되어 『주자대전』의 체제에 따라 원집, 외집, 별집, 속집을 포함하여 총 75책의 거질을 간행하였다. 안타깝게도 경자본庚子本인 『퇴도선생집退陶先生集』이나 청벽의 『퇴계선생속집退溪先生續集 』의 간행에 관한 일기는 전하지 않지만, 번남본의 간행에 관한 자세한 기록은 『선조퇴계선생전서교준시일기先祖退溪先生全書校準時日記』로 남아 있어 그 엄청난 공력을 짐작하게 한다.

번남본에서는 지난 시기의 경자본庚子本이 교정과정에서 "절반이 더 깎여 버렸으니 후생들이 그 큰 전체를 보지 못할까 늘 두려워 하였다."라는 김융金隆의 지적에 동의하면서 확대된 형태의 간본을 기획하였다.

이와 함께 서원에서는 오래되어 마모된 판본을 개간하는 노력도 게을리하지 않았다. 정축년(1817)에 작성된 「선생문집개간일기先生文集改刊日記」는 개간改刊을 하는 과정의 어려움을 소상하게 기록하고 있다. 가장 힘든 일은 정확한 작업의 범위와 필요한 물력의 조달, 그리고 각수의 확보에 있었다. 원장 이이순李頤淳은 〈문집 개간일기 후서文集改刊日記後敍〉에서 개간의 필요성과 그 의미를 다음과 같이 술회하고 있다.

> 아! 부자의 도가 이 글에 실려 있어서 후학이 존숭하고 믿음을 사서四書의 다음으로 여겨서, 우리나라 사대부의 모든 집에서 가지고 있고, 겸하여 강을 건너고 바다 넘어 해와 달이 비치는 곳과 배와 수레가 이르는 곳에는 보급되지 않은 곳이 없다. 월천옹月川翁이 "널리 유포되고 멀리 전해져서 선생의 도가 아마 행해지게 될 것이다."[60]라고 한 말은 참으로 알고서 한 말이다. 이 때문에 해가 지나면 지날수록 인출하여 전한 것이 천만 장이나 되니, 어찌하여 판목이 날로 마모되지 않을 수 있겠는가. 오직 일의 형세와 재력이 미치지 못하고 공역이 너무 커서 갑진년부터 오늘날까지 94년이 되었는데도 비로소 간간이 보완하여 개각한 것이 200판에 그쳤으니, 또 어찌 그리도

60 月川翁이 …… 될 것이다 : 월천은 이황의 고제인 趙穆(1524~1606)의 호이고, 조목이 말한 내용은 퇴계집의 「文集告成文」에 실려 있다.

어렵단 말인가.

퇴계문집 중간의 역사는 세월을 넘어 계속 이어졌다. 도산서원 사람들은 "옛 판본도 닳아 후학에게 전해주는 책임은 진실로 중간하는 한 가지 일에 달려 있다."고 생각하였다. 그런 점에서 1836년 10월부터 1843년 윤 7월까지의 중간사업을 기록한 「퇴도문집 중간시일기退陶文集 重刊時日記」는 간역을 위한 재임들의 집념과 정성을 보여 주는 좋은 사례이다. 도산서원은 안동, 예안 지역뿐만 아니라 경상좌도 거의 대부분의 연원가淵源家, 서원, 향교들을 이 간역 사업에 동참시키고 책임을 분담시켰다. 예로 1843년 5월 9일 봉화읍의 참여 현황이다.

> 삼계서원三溪書院, 백록리사栢麓里社, 눌은 유고소訥隱遺稿所, 괴담서당槐潭書堂, 유곡酉谷 권씨 문중, 해저海底 김씨 문중, 여씨 문중, 송내松內(해저) 류씨 문중, 거촌巨村 김씨 문중, 변씨 문중, 포저浦底(봉화읍 포저리) 홍씨 문중, 금씨 문중, 안 유곡內酉谷 정씨 문중, 고산孤山의 정씨 문중, 서리西里(물야)의 이씨 문중, 덕구德邱의 김씨 문중, 유록동呦鹿洞(봉화읍 유록) 배씨 문중, 입석立石(석평)의 권씨 문중 돈이 왔다. 용궁에 배정한 돈이 왔다.

이렇게 간역을 위해 모금한 돈이 도합 3,940냥 7전 8푼이었다. 이 안에 462냥은 목판을 내오고 삶고 운반하기까지의 비용으로 내주었고, 3,220냥은 간역에서 인출까지의 비용으로 내주었다. 도산서원이 1837년에 발의한 간역 사업은 6년이 걸려서야 비로소 32권의 책을 모두 목판에 새김으로서 완성되었다. 후서에서는 책이 발의에서부터 마지막 인출 작업을 마감하는 세월 동안에 논의를 주관한 제공들은 이미 이승과 저승으로 갈렸고, 간역 사업은 후손들의 손에 의해 비로소 완성되었다는 감회를 부쳐 싣고 있다.

퇴계학파의 분화와 확산

생전의 퇴계는 유학의 도통 연원에 대하여 골몰하고 있었다. 도통론을 통해 무엇이 올바른 도학의 길인가를 고민하였다. 그가 직접 그려서 간직하였던 주자의 〈칠선생유상찬七先生遺像贊〉을 통해서도 엿볼 수 있다. 그는 주자를 포함한 북송의 인물들이 도맥을 이어가는 과정을 글과 그림으로 간명하게 보여 주고 있다. 주렴계에 관한 부분에서는 다음과 같은 찬贊이 실려 있다. 그는 조선조에 올바른 도통의 계보가 형성되기를 염원하였다.

> 도가 사라진지 천년이니 성인은 멀고 말씀은 사라졌네
>
> 道喪千載 聖遠言湮
>
> 선각자가 아니라면 누가 우리를 깨우치리
>
> 不有先覺 孰開我人
>
> 글로는 말을 다할 수 없고 그림으로는 뜻을 다할 수 없으니
>
> 書不盡言 圖不盡意
>
> 달 빛 경치는 가이없고 뜨락 풀은 어울려 푸르구나
>
> 風月無邊 庭草交翠

그러나 퇴계의 생전이나 사후, 문도들 사이에서는 퇴계의 학통을 과연 어떻게 수렴할 것인가에 대해 명확한 합의가 쉽게 이루어지지 않았다.[61] 퇴계는 선조가 누가 진정으로 학문을 하는 사람인가를 묻자 고봉 기대승奇大升을 추천하였다. 퇴계는 이덕홍이 기고봉에 대하여 묻자, 그의 학문에 깊은 득의처가 있음을 인정하였다. 당시 사림의 공론도 이러

한 계보적 흐름을 인정하고 있었다. 퇴계의 사후 묘지문과 묘갈문을 모두 기고봉이 작성한 사실에서도 유림의 공론을 짐작할 수 있다. 또한 기고봉의 사후 효종 임금이 보낸 제문에서, "문정공 이후에 도학이 날로 허물어져 왔으나 도산에서 계승하여 창도하니 이것이 도학의 뿌리와 줄기가 되었다. 경은 실로 좌우에서 바른 길을 얻었으니, 스승과 제자 간의 의탁함은 북채에 대한 북과 같고, 성리에 대한 분변은 맞추어 놓은 부신符信과 같았다."[62]라고 하여 도통을 잇는 사승 관계로 설명하고 있다.

○ 그러나 이러한 평가에도 불구하고, 후대에 이르러 기고봉은 퇴계를 잇는 도통 계보로부터 한 발짝 물러나 있었다. 그가 도산서당에서 직접 훈도를 받지 않았다는 이유와 함께. 후일 그의 학문적 계보가, 〈도1〉[63]에서 보이는 바와 같이, 서인 쪽으로 기울어졌던 당색의 영향으로 인해

〈도1〉

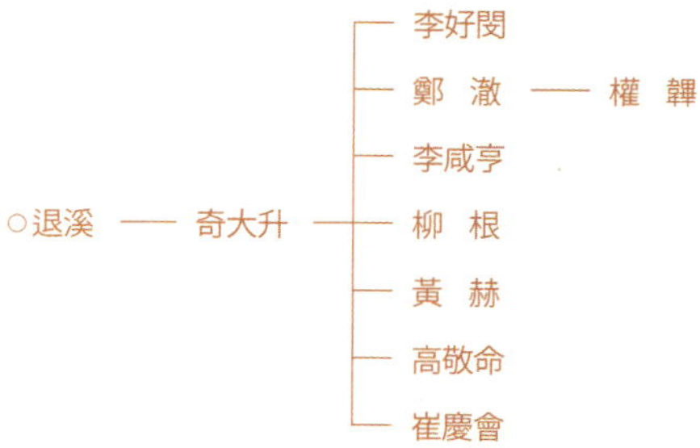

61 졸저, 『한국의 서원과 學脈 연구』(공저), 소성학술총서 1, 국학자료원, 2002.

62 「陶山及門諸賢錄」 卷2, 〈奇大升〉

63 李家源, 『退溪學及其系譜的研究』, 退溪學研究院, 1989, 389쪽 참조.

후일 작성된 퇴계 학문의 연원도에서는 변방의 위치로 밀려나 버렸다.

○ 퇴계의 사후 그의 학통이 어떻게 전수될 것인가에 관해서는 도산서당의 문생들 사이에서도 약 10여 년간 공론이 형성되지 못하였던 것으로 보인다先師謝世 忽忽十年 墜緖茫茫 衣鉢無傳.[64] 학봉 김성일은 퇴계의 손자인 안도에게 보낸 시에서, "의발衣鉢이 지금까지 맡겨진 곳이 없으니 그대를 천리나 보내면서 눈물이 종횡으로 흐르네"[65]라고 안타까운 심정을 토로하고 있고, 조목에게도 "대업을 힘써 강구하여 선생의 의발이 끝내 찾아 갈 곳이 있을 것"을 당부하고 있다.[66]

〈월천月川 조목趙穆 학맥〉

○ 월천은 예안학파의 중심이다. 월천은 15살에 퇴계 문하에 들어가 가장 오랜 기간 퇴계의 가르침을 받은 인물이다. 퇴계도 "독실하기는 조아무개 만한 사람이 없다"라고 할 정도로 면학에 열중한 인물이다. 월천은 퇴계의 문도 중에서 예안 사림을 대표하는 인물로 평가된다. 예안 사림은 퇴계학풍의 계승에서도, 인접한 안동 사림과 비교하여, 미묘한 차이를 드러내는 것으로 평가되고 있다. 즉 안동지역이 거경과 궁리에 의

64 이 문제에 관해서는 權五榮, 「鶴峯 金誠一과 安東 地域의 退溪學派」, 『韓國의 哲學』 제28호, 경북대, 2000, 16쪽 참조.

65 『鶴峯續集』 卷1, 詩, 〈送李逢原安道下第南歸〉 "龍門誰續謠琴韻 洛水空留霽月明 衣鉢至今無付託 送君千里淚縱橫".

66 『鶴峯文集』 卷4, 書, 〈答趙月川 · 壬午〉, "願吾丈勉究大業 使先生衣鉢之傳 終有所歸也".

한 수기修己는 물론 경세經世를 위해 출사에도 적극적인 것에 비해, 예안의 그것은 위기지학 위주여서 은거하여 담경설학談經說學하며 향촌 단위의 사림에 의한 교화를 우선시하는 성향을 보여 준다는 것이다.[67]

○ 월천은 퇴계의 사후, 도산서원의 건립을 주도하고 퇴계 문집의 편찬을 주도하면서 이 시기 퇴계 문인들을 대표하는 종장이 될 수 있었다. 이러한 그의 사림 내부에서의 입지는 광해군 대에 이르러 도산서원의 상덕사에 배향됨으로써 퇴계 적통의 위치를 확고하게 하는 계기가 되었다. 그러나 월천은 이미 퇴계 문집을 간행하면서 서애 류성룡을 중심으로 하는 안동 사림과 알력을 겪고 있었고, 임진왜란 중 강화론에 대해 강한 비판을 하면서 류성룡 중심의 남인 정권을 공격하여 마침내 실각시키는 주요한 계기를 제공한다.[68]

○ 특히 월천의 문인 중 일부는 광해군 대 대북정권과 밀착하였다가 인조반정으로 인하여 결정적으로 몰락하게 된다. 특히 그의 생질이기도 하였던 금개琴愷, 금업 형제들이 처벌받고, 월천의 도산서원 종향을 주장했던 영천 이씨의 이강李茳 4형제들이 대북 정권으로 몰려 처형당함으로써 월천의 학맥은 급문제자及門弟子 선에서 그치고 사실상 단절되었다.[69] 그러나 〈도2〉[70]에서 볼 수 있는 바와 같이, 그의 문인 중에서도

67 鄭萬祚, 「月川 趙穆과 禮安地域의 退溪學派」, 『韓國의 哲學』 第28호, 2000, 26-27쪽.
68 鄭萬祚, 「月川 趙穆과 禮安地域의 退溪學派」, 『韓國의 哲學』 第28호, 2000.
69 鄭萬祚, 「月川 趙穆과 禮安地域의 退溪學派」, 『韓國의 哲學』 第28호, 2000, 28쪽.
70 李家源, 『退溪學及其系譜的研究』, 退溪學研究院, 1989, 381쪽.

〈도2〉

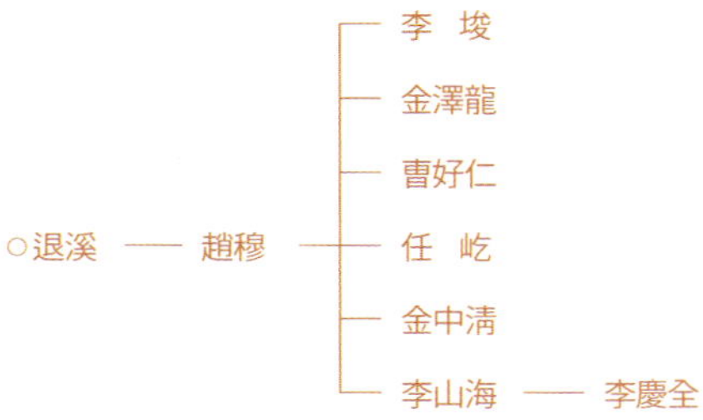

김택룡, 임흘, 김중청, 이산해 등과 같이 인조대 이후에도 계속 활동한 인물들이 다수 있었고 이들을 통하여 학맥이 일정하게 계승되었을 것으로 이해된다.

○ 월천은 퇴계의 사상을 가장 철저하게 지킨 원리주의자다. 그는 퇴계의 심학을 본인의 철학으로 삼았다. 그는 마음공부가 퇴계학문의 요체라고 보았다. 그는 "퇴계가 한 말들은 성현의 가르침이지만 그 이치는 오직 마음속에서 얻을 수 있고, 그 쓰임새는 만사에 흩어져 있지만 그 본체는 모두 일시에 갖추어져 있는 것"[71]이라고 정의한다. 그는 경 공부를 통한 마음의 수렴을 중요시한다. 월천은 육상산이나 왕양명뿐만 아니라, 나정암의 학문에 대해서도 강한 비판을 하였다. 그는 스승인 퇴계보다도 더욱 엄격한 주자학적 원리주의자였다. 퇴계는 오히려 『주자가례』를 기본으로 하면서도 시속을 인정하는 편이지만, 월천

71 『月川先生文集』 卷5, 雜著, 〈退溪先生言行總錄〉 "其言則聖賢之訓。而其理則得之於心。其用則散於萬事。而其體則具於一身".

은 일체의 편의와 변법에 반대하는 원칙주의자의 모습을 보이고 있다.[72] 그는 소학을 인격완성을 위한 가장 중요한 책이며 성인됨의 바탕을 이룬다고 보았다.[73] 그의 성인론은 철저히 주자학적 맥락 속에서 구축되었다.[74]

○ 그러나 문제는 월천을 통해 계승된 퇴계학맥이 유학사에서 과연 어떠한 위치를 점하고 있는가 하는 점이고, 이런 점에서 후대의 평가는 비교적 냉정하다. 『도산급문제현록』에 소개된 월천에 관한 기록은 그에 대한 후대의 평가가 어떠하였는가를 보여 준다. 편지에는 스승의 제자에 대한 따뜻한 사랑과 관심이 담겨 있지만, 월천의 행적에서 부족함과 흠결 부분이 자주 눈에 띈다. 지극한 가난으로 인하여 자칫 호연지기를 상실할 것에 대한 걱정, 지나치게 강剛한 기질로 인하여 자칫 "사납고 난폭한 병통으로 발전하여 조금도 겸손하고 순순하게 자신을 비우고 남을 받아들이는 뜻이 없어질 것"을 경계하는 내용이 들어 있다. 또한 시작詩作이 과장하고 자부함이 커서 스스로를 천하 제 일류에 놓음으로써, "경솔하게 스스로를 대단하게 여기지만 끝내 아무 소득이 없는" 사람이 될 우려가 있음을 지적하는 내용들이 실려 있다. 월천이 퇴계로부터 받은 편지를 정리한 『사문수간師門手簡』 중에는 다양한 학문적 논의가 있음에

72 김종석, 「도산서원 자료를 통해서 본 퇴계와 월천」, 『도산서원과 지식의 탄생』, 글항아리, 2012.

73 『月川先生文集』, 부록, 〈행장〉, "常教學者曰 小學一書 此實做人底樣子 而作聖之根基".

74 졸저, 『聖人談論과 교육 : 朝鮮教育思想史試論』, 태학사, 2019.

도 불구하고 후대의 편집과정에서는 이러한 학문적 문답 과정이 매우 소홀하게 취급되고 있는 것은 사실이다.

〈학봉鶴峯 김성일金誠一 학맥〉

○ 학봉 김성일과 서애 류성룡은 퇴계 사후 사실상 퇴계 문도의 종장으로 자리 잡으면서 퇴계의 학통을 양분하게 된다. 학봉의 경우, 퇴계의 생전에 이미 가장 촉망받는 제자로 성장하고 있었고, 퇴계로부터 직접 역경, 예학, 이학, 역사서 등 다양한 부분에 걸쳐 가르침을 받았다.[75] 그는 학자로서, 관료로서, 또한 임란 당시의 구국 활동을 통하여 자연스럽게 유림이 종장으로 자리할 수 있었다. 그는 비록 당대에는 많은 제자들을 양성하지 못하였지만, 후일 그의 학맥은 〈도3〉에서 보이는 바와 같이, 장흥효, 이현일, 이상정, 유치명, 이진상, 김흥락, 등을 거치면서 사실상 영남 전 지역을 아우르는 가장 강력한 학문집단으로 성장하였다.

○ 특히 김성일을 배출한 의성 김씨 가문은 안동 지역의 명족인 무실의 전주 유씨, 소호리의 한산 이씨, 예안 하계의 진성 이씨 등과 함께 혼반과 사승 관계를 끊임없이 교환하면서 김성일 학맥을 강고하게 유지하였다. 이 김성일 학맥은 다른 퇴계 제자들의 학맥에 비해 매우 강한

75 이에 관한 자세한 논의는『鶴峯의 學問과 救國活動』, 鶴峯金先生記念事業會, 1993 참조.

〈도3〉

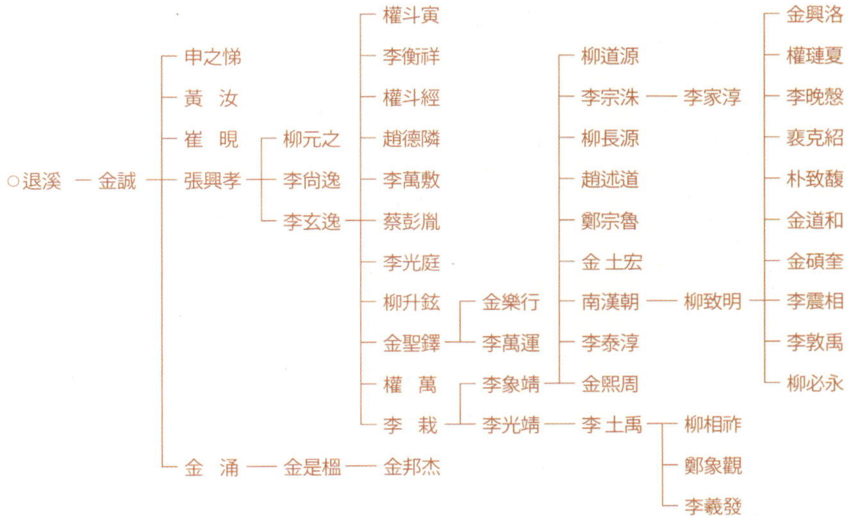

혈연적, 지역적, 학문적 동질성을 가진 것으로 평가되고 있다.[76]

○ 김성일 학맥은 이러한 강력한 결속력과 영향력을 바탕으로 자연스럽게, 퇴계학문의 도통이 그들 학파로 수렴된 것으로 평가하고자 하였다. 그 대표적인 예가 퇴계가 청년 학봉에게 물려 준 〈병명屛銘〉에 대한 해석이다. 이 병명은 요 · 순 · 우 · 탕 · 문 · 무 · 주공 · 공자 이래 주자에 이르기까지 심학의 도통을 읊은 것이다. 이러한 사실에 대해, 경당

76 權五榮, 「鶴峯 金誠一과 安東 地域의 退溪學派」, 『韓國의 哲學』 제28호, 경북대, 2000, 19쪽.

장흥효張興孝로부터 김성일의 학맥을 이어받은 갈암 이현일李玄逸은 "그 은미한 뜻이 있는 바를 알 수 있다"[77]라고 하여 퇴계의 심학이 그에게 전해진 구체적 증거로 삼고 있다. 이러한 인식은 이현일의 외증손인 이상정李象靖의 〈병명발휘屛銘發揮〉로 계승되어, 퇴계의 도통이 학봉으로 이어져 왔다는 사실을 주장하고 있다. 학봉 학맥에서의 이러한 일관된 주장은 유치명에게도 이어져 내려 왔고, 후일 유치명의 문인인 유치호는 김성일의 유허지에 '병명서원屛銘書院'을 세우고자 한 계획까지 수립하였다.[78]

○ 학봉이 퇴계로부터 받은 심법의 요체는 경敬 공부에 있었다. 퇴계는 학봉에게 경 공부를 통하여 마음의 통일을 이루고 잡념이 가라앉는 수양을 할 것을 적극적으로 권하였다.[79] 학봉은 퇴계에게 이론적인 담론보다는 실제적인 수양 방법에 대해 자주 질문을 하였다. 정좌靜坐에 관해 상의하기도 하고, 생각이 번잡해지는 까닭은 무엇인지 등에 관한 의문 등을 질의하였다.[80] 그는 자제들에게도 군자학은 곧 심학이라는 사실을 주지시켰다. 그는 황극皇極의 주재자로서 상제上帝, 즉 하느님의 존재를 드러낸 것은 매우 흥미로운 사실이다. 그는 황극을 이법理法적인 실체인 태극과 연결하는 대신 인격신적 개념인 상제를 호출한다. 그는 상

77 『葛庵文集』 卷21, 跋, 〈書外大夫敬堂張公遺集後〉

78 權五榮, 「鶴峯 金誠一과 安東 地域의 退溪學派」, 『韓國의 哲學』 제28호, 경북대, 2000, 21쪽.

79 『鶴峯先生文集』 續集, 卷5, 雜著, 〈退溪言行錄〉

80 『退溪言行錄』, 〈論持敬〉

제上帝가 하민下民들에게 충衷을 내려 주니, 충이 곧 극極이라고 하였다. 인간의 순수한 도덕적 본성을 내려 주는 주재자가 하느님, 곧 상제라는 존재다.[81]

○ 학봉이 바라보는 성인은 저 멀리 떨어져 있는 비사실적이고 초월적인 존재가 아니다. 그에게 있어 성인이란 단지 먼저 깨우치고 먼저 앎을 이룬 선각자 혹은 선지자일 뿐이다. 그에 따르면 옛날의 성인은 백성들의 선각자로서, 그가 세운 도덕적 푯대를 따라 백성들은 삶의 방향을 잡아 갈 수 있다. 즉 성인이란 바로 궁극적 가치가 무엇인지 그 표준을 세워주는 '건극建極'의 소임을 하는 자다.

○ 학봉 김성일의 심학은 그의 학통을 이어 받은 갈암 이현일葛庵李玄逸(1627-1704)에 의해 논의가 확장된다. 김성일의 심학이 좀 더 실천 지향적인 성향을 지니고 있었다면, 이현일의 심학은 좀 더 이론적이고 내성적이다. 그는 퇴계의 이기론이나 심성론을 계승하고자 하였다. 이현일은 율곡의 혼륜설渾淪說에 맞서 퇴계의 분개설分開說이 지닌 의미를 드러내고자 노력하였다. 이현일은 사단과 칠정, 인심과 도심을 확연하게 구분하고자 하였다. 그는 사단은 리에서 발출하는 것이고, 칠정은 기에서 발출한다고 주장한다. 갈암은 칠정에도 리가 있고 사단에도 기가 들어 있다는 사실을 부정하지는 않는다. 그러나 칠정은 형기에 감촉되어 나타나는 것이고, 사단은 구체적인 현실태로 모습을 나타내지만 본성

81 졸저, 『聖人談論과 교육 : 朝鮮教育思想史試論』, 태학사, 2019.

에서 직출하는 것으로 본다.[82]

○ 대산 이상정李象靖은 소퇴계로 불릴 정도로 퇴계학의 적전을 이은 인물로 평가된다. 그러나 사상적으로는 퇴계학과 율곡학의 종합을 시도하고자 하는 노력도 나타난다. 그는 퇴계의 사칠론에 대해서도 재해석을 시도한다. 퇴계는 사단은 이발理發로, 칠정은 기발氣發이라는 분개설分開說의 입장을 취하고 있다. 그러나 대산은 사단과 칠정은, 분리되는 분개의 측면뿐만 아니라, 나눠지지 않는 혼륜渾淪의 측면도 있다고 보았다.

○ 이상정은 퇴계 성리설에 대한 새로운 종합에도 많은 노력을 기울였지만, 그러한 이론적 모색이 인격 수양의 단계로 진전되어야 할 것을 강조하였다. 그는 특히 '군자君子'의 처신과 직분을 강조한다. 그의 책 『제양록制養錄』을 관통하는 핵심어는 '군자君子'다. 군자가 되기 위해서는 몸과 마음이 어떤 상태에 있어야 하는지를 여러 경전을 통해 밝히고 있다. 특히 마지막 부분에서 퇴계의 사상과 언행을 경을 중심으로 소개해 그가 성리학의 정맥을 이었음을 강조한다.

82 『葛庵集』 卷18, 雜著, 〈栗谷李氏論四端七情書辨〉

〈서애西厓 류성룡柳成龍 학맥〉

○ 서애 류성룡 학맥은 학봉 학맥과 여러 차원에서 협력적 경쟁 관계에 있었다. 후일의 병호시비는 이러한 양측의 갈등이 가장 첨예하게 부딪힌 사건이었다. 서애는 관찰사를 역임하였던 류중영柳仲郢으로부터 탄탄한 가학 교육을 받고, 약관인 21세에 퇴계를 찾아가 근사록을 배우면서 계문과 관계를 맺게 된다. 퇴계는 그의 그릇과 국량을 높이 사 "이 사람은 하늘이 내린 사람이다"라고 높게 평가하였다. 그러나 그는 25세에 일찍 과거에 합격함으로써 도학 공부와는 일정한 거리를 두고 치국 공부에 주력하게 된다.[83]

○ 서애는 뛰어난 경세가답게 추상적인 세계보다는 현실의 삶을 더욱 중시하였다. 그는 자연의 질서나 우주론적인 문제에 관한 논리적 이해보다는 먼저 인간의 구체적 삶의 문제에 관심을 기울여야 한다고 믿었다. 그는 자연의 법칙성을 뜻하는 '천수天數' 보다는 인간 세상의 일 즉 '인사人事'가 중요하다고 보았다. 그는 자득의 공부를 중시하였다. 그는 처음 경전을 공부할 때 주석을 읽지 말도록 하였다. 주석을 먼저 보게 되면 경전에 대한 독자적인 해석에 방해가 되기 때문이다. 그는 독서를 통하여 신의新意를 얻도록 할 것을 당부하였다.[84]

83 金昊鍾, 「西厓 柳成龍과 安東 · 尙州 지역의 退溪學派」, 『韓國의 哲學』 제28호, 2000, 51쪽.
84 이우성, 「서애선생의 학문방법과 「新意」론」, 『서애 유성룡의 경세사상과 구국정책』 상, 책보출판사, 2005, 10쪽.

○ 서애는 이미 젊은 시절에 상산학象山學과 양명학뿐만 아니라 도교 불교에까지 폭넓게 섭렵할 정도로 개방적 자세를 보여 주었다. 이에 월천 조목은 류성룡 형제를 육구연의 형제에 비유하고 하회를 아호에 비유하여 류성룡의 학을 상산象山의 학으로 비판하였다.[85] 그는 이러한 비판에 대해, "무릇 강서江西의 학문이 노맥路脈은 비록 다르다 할지라도 몸과 마음으로 힘써 행한 공부는 역시 우연이 아니니, 한가롭게 세월이나 보내는 자들이 미칠 바가 아닙니다."라고 하여 육왕학도 치열한 학문적인 노력의 소산임을 강조하고 있다.[86]

○ 서애의 이러한 개방적 모습은 임란을 진두지휘하는 원동력이 되었고, 명나라 사신들로부터 "산하를 재조하였다"는 평가를 받게 되었다. 지산 조호익曺好益이나 목재 홍여하洪汝河는 서애가 학문과 사업 두 가지를 함께 겸전한 인물로 높게 평가하였다. 홍여하는 서애를 "군대를 통솔하는 능력과 주일主一하는 학문으로 세상이 진유들에게 명하니 도산 문하의 정맥이로다"라고 평가하였다.

○ 서애의 제자들도 〈도4〉에서 보이는 바와 같이 당색과 지역적 연고에 따라 안동과 상주지역에 밀집해 있었다. 안동지역에서는 경당 장흥효, 학호 김봉조, 매창 정사신 등의 인물이 있었고, 상주지역에서는 우복 정경세, 창석 이준, 수암 류진, 월간 이전 등의 인물이 있었다. 특히

85 이수건, 「서애 류성룡의 사회경제관」, 『서애 류성용의 경세사상과 구국정책』 상, 책보출판사, 2005.

86 『西厓先生文集』 卷10, 書, 〈答趙士敬〉

〈도4〉

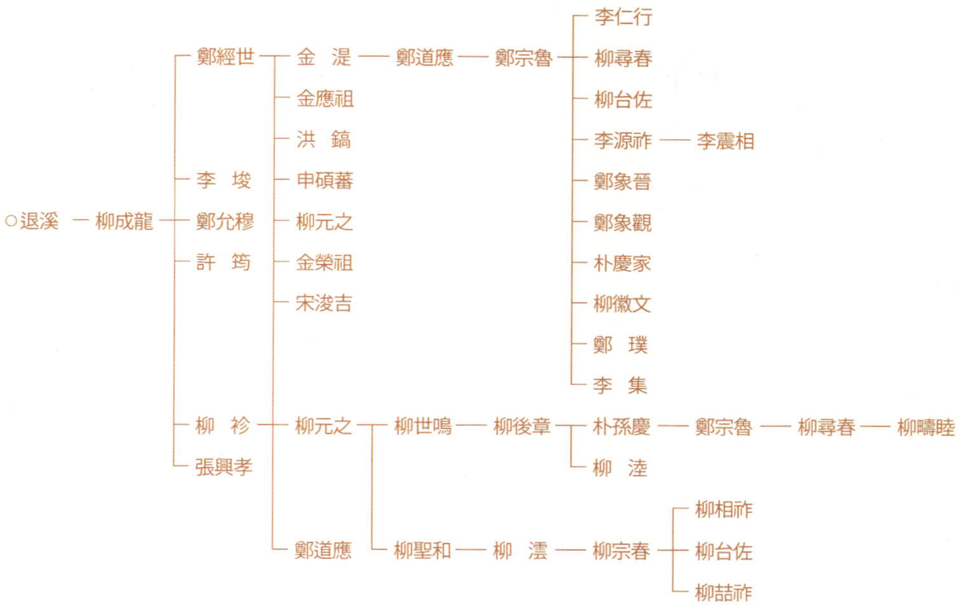

이들은 5현에 대한 문묘 종사 운동, 서애에 대한 대북 정권의 공격 등에 대하여 함께 그 힘을 결집하고, 도산급문록의 작성과정이나 병호시비가 가열될 때, 서애의 입장을 적극 변호하면서 영남 유림에서의 위치를 확고하게 하였다.

〈한강寒岡 정구鄭逑 학맥〉

○ 한강의 사상적 독자성은 이미 조선조 유자들 사이에서도 높이 평

『典故大方』

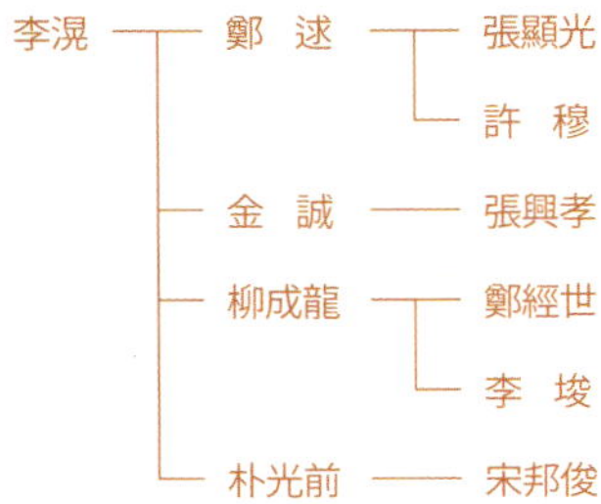

가되고 있었다. 이미 번암 채제공도 성호 이익의 학통을 '이황李滉 – 정구鄭逑 – 허목許穆 – 이익李瀷'으로 설정하고 있다. 또한, 후대에 작성된 연원도 중에서 〈전고대방典故大方〉이나 윤영선이 작성한 〈조선유학연원도朝鮮儒學淵源圖〉 등에서도 정구의 학맥을 퇴계의 문도 중에서 중요하게 취급하고 있다.[87] 한강은 그의 나이 21세 때, 중형 정곤수鄭崑壽와 함께 퇴계를 만난다. 퇴계는 정곤수와 한강에게 한훤당의 여풍이 남아 있다고 언급하였다.[88] 이후 한강은 퇴계에게서 '위학차제지방爲學次第之方'을 듣게 되었다. 그리하여 한강은 지난날 미처 깨닫지 못하였던 '위학소정지처爲學所定之處'를 터득하게 되고, 이때부터 더욱 힘써 학문이 날로 넓어졌다고 술회하고 있다.[89]

87 김종석, 「『陶山及門諸賢錄』과 退溪學統의 범위」, 『韓國의 哲學』 제26호, 1998, 20쪽.

88 『寒岡全書』「年譜」 "曾見鄭崑壽及其弟逑 皆志居好善之士 寒暄外孫 豈無餘風耶".

89 『寒岡全書』「年譜」 "癸亥年 先生拜退溪先生 質以所疑 李先生語 以聖門爲學次弟之方 於是始覺前日所向之未有所定 而向裏鞭策 規模日廣 事業日弘".

○ 한강은 남명의 문하에도 입문하여 수학한다. 한강이 후일 퇴계 문하에 좀 더 밀접하게 된 이유는 내암 정인홍과의 갈등이 한 원인이 되었다.[90] 한강의 학문 세계는 퇴계로부터 발원한 것은 사실이나, 그의 사유는 이미 변화된 17세기 사회사에 깊이 침잠해 있다. 한강의 학문은 이기론의 형이상학적 논의보다는 예학이나 심성론, 혹은 현실적인 학문에 더 많은 중심을 두었다. 그의 이러한 현실적 사유는 허미수를 거쳐 성호와 다산으로 이어지는 근기 실학의 모태가 되었다.

○ 한말의 위암 장지연은 이러한 사실에 주목해 한강을 퇴계의 적전으로 규정하였다.[91] 한강이 물론 형이상학적인 측면보다는 실제적인 면을 강조했지만, 본성의 회복을 중시하는 존덕성의 공부도 결코 부정한 것은 아니었다. 한강도 "지경持敬은 궁리의 근본이 되고 궁리하여 이치가 밝아짐은 양심養心의 보조가 되는 것이다."[92]라고 하여 경 공부가 안과 밖, 수양과 실천을 연결시켜 주는 매개체이며 학문의 요체인 것으로 파악하고 있다. 이 점에서 그는 퇴계 사상의 핵심적 논지와 함께 하고 있다.[93]

○ 퇴계 학맥은 한강의 시대에 이르러서, 북인 정권의 몰락으로 단절된 월천 학맥을 대신하여 학봉 김성일, 서애 류성룡과 함께 3대 학맥을 이루고 있었다. 한강寒岡은 퇴남의 영남학파 모두를 융합하는 새로운

90 『寒岡全書』「年譜」"先生初與仁弘同師南冥, 已知其剛偏忌克 難與爲善 至是 仁弘纂南冥文集 任其偏見 取舍乖當 詆斥誨退 無所不至 先生絶之".

91 『朝鮮儒教淵源』卷2, 87쪽.

92 『寒岡全書』「心經發揮」"持敬是窮理之本 窮得理明 又是養心之助".

93 자세한 논의는 졸고, 「星州地域의 退溪學派」, 『退溪學派의 地域的 展開』, 경북대, 2001 참조.

〈도5〉

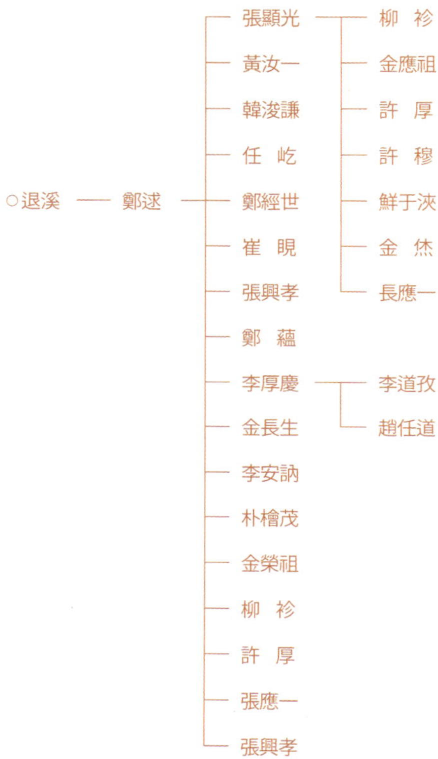

기점을 마련하게 된다. 또한 미수眉叟 허목許穆을 매개로 하여 근기 남인들을 퇴계 학맥으로 수렴하는 중간역할을 담당하게 되는 것이다. 그리하여 17세기 전반 성주 일대는 정구와 장현광에 의해 소위 한려학파가 형성되었다. 이들은 이황 이후 뚜렷한 새로운 학문적 지향점을 찾지 못하고 있던 안동권을 대신하여 영남의 학문적 분위기를 주도해갔다.

○ 학봉과 서애가 안동 지역을 중심으로 학단을 형성함으로써 퇴계학의 계보를 안정적으로 구축할 수 있는 결정적 계기를 제공해 줄 수 있었다. 또한, 퇴계의 주리 철학과 예론을 향촌 사회에 안정적으로 착근시키고 내재화함으로써 독특한 선비 문화를 형성할 수 있었다. 그러나 그 반면 이들의 학맥이 지나치게 혼반이나 당색, 혹은 지역적 연고에 긴박되어 있으므로 인해 퇴계학파의 개방적 발전에 일정한 제약으로 작용하였음은 숨길 수 없는 사실이다. 퇴계의 생전에는 명백하게 후일 서인 계열에 속하는 다수의 인물도 사제의 관계를 맺고 있었고, 상호 깊은 심교心交를 형성하고 있었다.

따라서 우리는 퇴계 학맥을 남인과 서인의 관련 인물들을 망라하여 작성한 강주진의 계보도나 이가원의 연원도를 탈 당색적인 입장에서, 전혀 새로운 차원에서 객관적으로 검토해 볼 필요성이 있다.

일제강점기、 근현대기의 도산서원

19세기 중엽 이후, 도산서원의 정치적 사회적 위상은 점차 낮아지기 시작하였다. 우선 난립하기 시작한 문중서원은 유력한 서원들이 지녔던 힘의 분산을 가져왔고, 대원군의 서원 훼철령은 도산서원의 위상도 바래게 하였다. 도산서원에도 1884년에는 원임직의 소통을 둘러싸고 적서嫡庶간에 심각한 향전이 벌어진 바 있다. 또한 농암 이현보李賢輔(1467~1555)와 퇴계 간에 학문적 전수 관계를 둘러싸고 심각한 갈등이 표출된 바 있다.

그러나 이 시기 위정척사운동의 일환으로 전개된 영남만인소嶺南萬人疏 운동에 도산서원이 적극적으로 참여하고 있었음을 주목할 필요가 있다. 황준헌의 『조선책략朝鮮策略』의 유입에 의해 촉발된 영남만인소 운동에서 도산서원의 상유사 이만손 등은 통문을 작성하며 주도적 역할을 담당하였다. 또한 을미사변에 의해 촉발된 선성의진宣城義陳 결성과정에서도 향산 이만도李晩燾 등 도산서원측 인물들의 역할도 눈에 띈다.

한편 위축되기 시작하는 도산서원의 위상을 되찾고 퇴계 학단의 결속력을 강화하기 위하여 구상된 작업이 급문록의 간행이었다. 계축년(1913)에 작성된 「급문록영간시일기及門錄營刊時日記」는 기존에 만들어진 이른바 '사가본四家本'을 교감 보충하여 새로운 『도산급문제현록陶山及門諸賢錄』을 만들고자 한 것이다.

일제강점기의 도산서원도 엄혹한 시기를 지나야만 하였다. 거접이나 강회와 같은 학술행사도 없었고, 서원의 위상에 걸맞은 국가 단위의 행사도 주관하지 못하였다. 간혹 사회주의자들의 도산서원에 대한 배척 운동이 일어나고 있었다. 이 시기에는 주로 서원 시설물에 대한 유지,

보수에 관한 일기들이 대종을 이룬다. 기사년(1929)의 「암서헌수리시일기巖栖軒修理時日記」에는 퇴계 생존 시기의 원형을 보존하고자 하는 재임들의 정성이 묻어난다. 위패를 환안還安하는 고유제를 마친 후, 재임들은 "차례로 광명실로 나아가 청려장과 선기옥형, 매화등, 침석, 독석, 연갑, 서안, 등경, 사항, 겸대를 모두 완락재에 봉환하였다. 모두 전에 있던 자리에 가져다 놓았다."라고 가능한 퇴계의 자취를 보존하고자 노력하였다.

해방과 더불어 도산서원도 활기를 되찾았다. 새로운 세대의 시대 동향에 발맞추고자 하는 자구적인 움직임이 나타나기 시작하였다. 1947년에 태동된 도산대학 발기모임이 그 대표적인 예이다. 「도산대학발기회회록陶山大學發起會會錄」에 따르면, 12월 3일 도산서원 전교당에서 회의를 개최하고, 가명칭假名稱은 도산대학陶山大學으로, 임시사무소는 도산서원으로 결정하였다. 임원의 선출 방법은 전형위원 15명을 선출하여 위원 선출 일체를 담당하게 하였다. 경비 문제의 조정은 회장이 의결하여 배정하기로 하였다. 12월 12일에는 상임위원회의 회원은 11인으로 하고, 위원의 부서 결정, 경비의 운용 방법, 기금의 갹출 방법 등을 논의한 단서는 있으나, 회의록은 중단되어 도산대학 설립 건은 미완의 과제로 남게 된다.

그러나 도산서원을 강학의 공간으로 만들고자 하는 노력은 여러 형태로 나타난다. 1961년에 작성된 「유농운정사일기留隴雲精舍日記」는 새로운 세대에게 농운정사에서 기숙하면서 같이 강학하는 전통을 만들고자 한 기록이다. 이 모임의 태동은 1958년에 원대圓臺 이원태李源台(1899~

1964)가 맏아들 이동준李東俊에게 일백만 원圓을 농운정사에 기부하여 섬학贍學의 자산으로 삼도록 한 것에서 비롯되었다. 그는 "원근의 영재들이 소문을 듣고서 스스로 몰려와서 선생의 책을 읽고 선생의 도를 연구하여 밝혀서 한 줄기 밝은 빛을 가져오기를" 염원하였다. 강독은 주로 이기호李冀鎬 · 이종호李從鎬 · 김주덕金周悳 등 예안 인근에 거주하는 인물이 중심이 되어 퇴계문집에 있는 사칠 논변이나 남명 · 율곡과의 문답을 논의의 주제로 삼았다. 이 강학회는 퇴계학이 새로운 신학의 조류 속에서도 끊어지지 않고 면면히 이어지길 기대한 모임이었다.

그러나 도산서원은 해방 후 새롭게 정착하는 행정체계나 관료체계와 쉽게 적응하지 못하고 때로 갈등, 혹은 조정의 과정을 겪어야 했다. 1953년에 작성된 「천연대암석 사변일기天淵臺巖石事變日記」에는 천연대의 문화적 가치를 모르는 수리조합과 도산서원 간의 알력이 가감 없이 펼쳐진다. 천연대 부근에서는 절대 화약은 사용하지 말 것을 간곡히 요청에도 불구하고 폭파를 계속하자 서원 측에서는 대규모 향회를 개최하여 결연한 의지를 피력하였다.

도산서원의 최대의 위기는 1968년 안동댐 건설공사로 인해 수몰될 상황에 직면한 것이었다. 당시의 일기에는 다급한 상황이 실려 있다. 1962년 정부가 도산서원 하류(예안면 부포리 다래)를 막아 수력발전을 계획하고 있다는 소식을 접한 지역 유림 130여 명이 도산서원에 모여 당회를 열고, 전국의 유림들에게 도산서원을 지키고 보호하기 위하여 정부에 탄원할 것을 알리는 통문을 보냈다. 이에 따라 전국 유림이 그해 12월, 정부에 진정서를 제출한 바 있다. 이런 반대에도 불구하고, 1968년에는 낙동강 방축공사로 장차 도산서원이 수해를 입을 것이라는 전언이 서원 측에 전달되었다. 이에 연민淵民 이가원李家源이 중심이 되어 '도산유적 보존 건의서陶山遺蹟保存建議書'를 작성하여 대통령에게 보내면서, 앞서 1962년도의 약속을 환기시켰다. 박정희朴正熙 대통령은 그 약속의 일환으로 1969년 10월, 공사 중인 도산서원을 직접 방문하였고, 성역화 사업을 지시하였다.

도산서원이 처한 또 하나의 변화는 중요한 사업에 국가의 관리와 보조가 정례화되기 시작한 것이다. 1956년의 일기에서는 교육구청教育區廳에서 정부 보조금을 찾아가라는 통지가 있어서 이를 금융조합에 저금하였다는 기사가 실려 있다. 1957년의 「전교당수리시일기」에도 문교부로부터 200만 환圜을 공사비 명목으로 지원받았고, 1959년 10월의 「묘우중수시일기廟宇重修時日記」에도 "나라에서 국가문화재에 대하여 재정을 보조해 주는 제도"에 근거해 약간의 재정을 확보할 수 있었다는 기사가 등장한다. 당시 사정으로는 부족한 국가 재정에도 불구하고 주요 문화재를 보호, 관리하는 제도가 정착되었다는 사실에서 한국의 문화적 수준을 가늠해 볼 수 있다. 이러한 역사적 굴곡과 부침을 겪은 도산서원은 이제 세계유산의 일원으로 미래 한국의 문화 수준을 높이는 책임과 의무가 있다.

덕의 윤리가 다시 복원되려면

오늘날의 교육에서도 덕성의 함양은 강조되고 있으나, 그것의 성취할 어떠한 형태의 사회철학적 전망도 발견할 수 없는 실정이다. 학생 선의지의 회복을 꿈꾸는 '존덕성尊德性'의 영역은 사실상 이미 오래전에 한국의 학교교육에서 사라졌다. 이런 점에서 만약 우리가 오늘 퇴계의 철학을 새로운 사회과학적 상상력의 모태로 삼고자 한다면, 전인적인 인격성을 요구하는 그의 덕의 윤리Virtue Morality 체계가 과연 근세 이후의 우리 사회를 지배하고 있는 규칙 윤리 혹은 의무 윤리Duty Morality를 대체할 수 있는 적절한 대안이 될 수 있는지 심각하게 논의되어야 할 것이다. 오늘날 같은 다원적 사회에서는 각 시민에게 최소한의 윤리 혹은 합리적 규칙 윤리만을 요구할 수밖에 없는 실정인데, 과연 퇴계가 요구하는 구도적 차원의 덕성 교육을 제대로 뿌리 내릴 수 있겠는가?

퇴계의 교육에 대한 이상은 너무나 높고, 현실의 교실은 덕을 논의하기에는 너무 참담하다. 퇴계는 "학자는 모름지기 체험을 통하여 그 맞고 옳은 것을 바로 잡을 일이지 그 공을

도산서원(한국국학진흥원 제공)

헤아리지 않으니, 만약 한 털끝만큼의 조금이라도 무엇을 위해서 한다는 마음이 있으면 학문이 아니다."[94]라고 충고한다. 퇴계 공부론의 요체는 리와 기의 차별성을 명확하게 인식하는 것에 있다. 퇴계에 따르면 우리의 일상은 천지의 질서와 선험적 가치를 존중하고자 하는 순선純善의 이理적 요구와, 개인의 이해와 욕망 속에서 번뇌하는 기氣적 욕구 사이에서 갈등하는 세계이다. 이때 이의 독존을 드러내는 공부가 곧 경敬공부이다. 그러나 지금 현실의 교실은 이러한 경 공부를 용납할 수 있는 곳이 아니다. 황경식 교수는 이러한 딜레마를 간결하게 다음과 같이 요약하고 있다.

> 전통사회를 규율하던 덕의 윤리Virtue Morality가 근세 이후 의무 윤리Duty Morality 혹은 규칙 윤리로 전환하게 될 경우, 우리는 그런 전환을 추동하게 된 사회적 기제를 탐색할 필요가 있다. 인간 삶의 모든 측면을 포괄하는 덕의 윤리가 최소한의 윤리인 의무 윤리로 전환될 경우 이는 그런 윤리를 요청하는 사회가 구조적으로 더 이상 덕의 윤리를 수용하기 어려운 사회형태로 변화되었음을 의미한다, 달리 표현하면 최소 윤리인 의무 윤리만이 도덕적으로 구속력을 갖는 유형으로 사회가 변화되었음을 의미하는 것이다. 이와 더불어 덕의 윤리가 갖는 도덕적 미결정성indeterminacy이 더 이상 성원들의 사회적 행위 결정의 유효한 방도가 될 수 없어 규범의 정식화formalize

94 「計算記文錄」, "學者須當體驗。正其誼不謀其利。明其道不計其功。則與花鷺無異矣。若小有一毫爲之之心。則非學也."

내지 규칙화를 통해 공적 의사결정 절차가 보다 확정적이고 명시화 될 것이 요구되고 있음을 함축한다.[95]

퇴계의 교육철학이 매우 높은 인문정신과 인간에 대한 통찰력을 가지고 있다는 사실은 명백하다. 그러나 그 철학이 현실에서의 실현 가능성viability이 매우 낮다는 것이 사실상 자명한데도, 퇴계의 충고처럼 성패에 연연하지 않고 엄격한 규제의 틀로 짜인 덕성 교육의 외길을 갈 수 있을까? 우리는 그 절충점으로 두 가지 가능성을 제시할 수 있으리라 본다. 첫째는 덕을 현실화하는 기재로서 예를 적극적으로 재해석하는 작업이 가능하리라 본다. 덕이 표출되는 구체적 형식으로서 예의 체계는 바로 유교적 덕 윤리가 도덕적 미결정성을 최대한 배제할 수 있는 관행적 장치가 될 수 있다는 주장은 일리가 있다. 즉 예는 주관적 해석행위가 아니라, 상호 그 의미를 교환하고 조정할 수 있는 공통의 규칙성을 지니고 있다는 말이다. 즉 예는 유교적 덕 윤리가 단순한 덕의 윤리만이 아니라 규칙의 윤리를 포함하고 있는 덕의 윤리로 해석될 수 있는 까닭이다.[96] 다만 새로운 예禮 체계는 전통시대의 사례 중심이 아니라 시민사회의 덕목에 일치하는 전혀 다른 층위의 예학이 되어야 할 것이다.

다음으로 논의되어야 할 사안은, 퇴계의 교육철학이 매키J. Mackie 등이 주장하는 일종의 최소도덕minimum morality으로 새롭게 재탄생할 필

95 황경식, 「도덕체계와 사회구조의 상관성」, 『철학사상』, 2009.
96 황경식, 「도덕체계와 사회구조의 상관성」, 『철학사상』, 2009.

요가 있다. 퇴계의 교육철학은 현대의 우리들이 짊어지기에는 지나치게 호대하고 심오하다. 따라서 그의 철학에서 가장 중요한 도덕적 원칙 혹은 핵심 부분만을 진지하게 사회적 차원으로 변환시키고자 하는 지적 노력이 요청된다. 도산서원은 심오한 퇴계 철학을 오늘의 현실에 맞게 재해석하여 대중들에게 제시할 책무가 있음을 뜻한다.

참고문헌

권오영, 「학봉 김성일과 안동 지역의 퇴계학파」, 『한국의 철학』 제28호, 경북대, 2000.
김종석, 「도산급문제현록과 퇴계학통의 범위」, 『한국의 철학』 제26호, 1998.
김호종, 「서애 류성룡과 안동·상주 지역의 퇴계학파」, 『한국의 철학』 제28호, 2000.
이가원, 「退溪學及其系譜的硏究」, 퇴계학연구원, 1989.
이수건, 「서애 류성룡의 사회경제관」, 『서애 류성용의 경세사상과 구국정책』, 2005.
이수환, 『조선후기서원연구』, 일조각, 2001.
이우성, 「서애선생의 학문방법과 「신의」론」, 『서애 유성룡의 경세사상과 구국정책』 상, 책보출판사, 2005..
정만조, 『조선시대서원연구』, 집문당, 1997.
정만조·정순우·김종석·손숙경·이헌창·이수환·옥영정, 『도산서원과 지식의 탄생』, 글항아리, 2012.
정순우, 「퇴계 도통론의 역사적 의미」, 『퇴계학보』 제111호, 2002.
______, 『공부의 발견』, 현암사, 2007.
______, 『서원의 사회사』, 태학사, 2013.
______, 『성인담론과 교육: 조선교육사상사시론』, 태학사, 2019.
황경식, 「도덕체계와 사회구조의 상관성」, 『철학사상』, 2009.

陳雯怡, 『由官學到書院』, 聯經, 2004.
錢穆, 〈朱子學提綱〉, 『朱子新學案』, 三民書局.
Alasdair MacIntyre(이진우 역), 『덕의 상실』, 문예출판사, 1997.

한국의 서원 100선
○○①

도산서원

조선 유학의 원류

초판1쇄 발행 2025년 11월 30일

기획 한국국학진흥원 인문융합본부
지음 정순우
사진 류종승

주간 조승연
편집 · 디자인 오경희 · 조정화 · 오성현 · 신나래 · 박선주 · 정성희
관리 박정대

펴낸이 오경희
펴낸곳 문예원
창업 홍종화
출판등록 제2007-000260호
주소 서울 마포구 토정로25길 41(대흥동 337-25)
전화 02) 804-3320, 805-3320, 806-3320(代)
팩스 02) 802-3346
이메일 minsokwon@naver.com
홈페이지 www.minsokwon.com

ISBN 979-11-90587-64-8
S E T 979-11-90587-63-1 94380